Alkoholfreie Cocktails

Helmut Süss

Alkoholfreie
Cocktails

Der Inhalt dieses Buches wurde von Verlag und
Autor mit aller Sorgfalt zusammengestellt. Eine
Garantie kann jedoch nicht übernommen wer-
den. Der Autor, der Verlag und seine Beauf-
tragten schließen eine Haftung für etwaige
Personen-, Sach- und Vermögensschäden aus.

Konzeption: Helmut Süss
Lektorat: Aliya Bohnsack
Gestaltung: Andreas Dorn

2 3 4 5   4 3 2 1

Inhalt

Vorworte

„Lebensqualität"

ist eines der Zauberworte, welches uns Menschen in Schwung hält. Gerade für uns Menschen mit Diabetes, deren Leben nicht nur von der Familie und der Arbeitswelt geprägt wird, sondern in großem Maße auch von Therapie- und Ernährungsvorschriften unseres Arztes, von den Wirkungen und Wechselwirkungen unserer Medikamente und den Beschwerlichkeiten etwa vorhandener Folgeerkrankungen unseres Diabetes diktiert wird, hat das Thema „Lebensqualität" einen ganz besonderen Stellenwert. Oft empfinden wir diese Lebensqualität als Mangel, nämlich als „Verlust an Lebensqualität".

Hier versuchen die vielen, über ganz Deutschland verstreuten Selbsthilfegruppen des Deutschen Diabetiker Bundes ihren Mitgliedern Wege aufzuzeigen, wie sie ihren Diabetes in den Griff bekommen und beherrschen können, wie sie die Hürden im psycho-sozialen Umfeld meistern und Selbstvertrauen und Lebensqualität zurückgewinnen können.

Daher freuen wir uns darüber, dass wir in Helmut Süss einen „Verbündeten" gefunden haben, der uns – obwohl selbst kein Diabetiker – in seinem Cocktailbuch Rezepte aufzeigt, die wir genießen können, ohne zuvor pedantisch den Gehalt an Kohlenhydraten analysieren oder den Alkohol in Kalorien umrechnen zu müssen. Jetzt können wir endlich unbeschwert genießen. Wenn das für uns kein Gewinn an Lebensqualität ist!

Volker Krempel, Typ 1-Diabetiker
Stellv. Bundesvorsitzender des Deutschen Diabetiker Bundes e.V.

Liebe Cocktailfreunde,

Sie haben Lust auf einen Cocktail oder einen guten Mixdrink, wollen oder dürfen aber keinen Alkohol trinken? Dann haben Sie mit diesem Buch genau das richtige in der Hand. Cocktails und Drink-Vergnügen müssen nicht immer zwangsläufig mit Alkohol verbunden sein.
Immer mehr Menschen lieben es leichter und gesünder, und verzichten aus vielen Gründen auf den Alkohol und hochprozentige Drinks. Diesen Trend hat auch Barmeister Helmut

Süss erkannt und für sein Buch köstliche, exotische und überraschende Kreationen ohne Promille zusammengetragen.
Um die Suche nach dem Lieblingsdrink zu erleichtern, hat Helmut Süss seine Rezepte in verschiedene Geschmackskategorien eingeteilt. Und damit auch Diabetikern die Wahl ihres Getränkes leichter fällt, sind die entsprechenden Angaben über Kilokalorien und Broteinheiten nach jedem Rezept angegeben.
Viel Spaß und Erfolg beim Shaken und Genießen.

Barmeister Walter Fröscher
1. Vorsitzender der Deutschen Barkeeper-Union – DBU Sektion Bayern
Vorsitzender im Prüfungsausschuss für Barmeister und Barmixer der IHK München und Oberbayern

Cocktails, dieses Wort verbindet jeder mit Exotik, Geschmacks- und Farbenvielfalt. In jedem Haushalt und bestimmt in jeder Bar, finden sich Zutaten, um diesen Vorstellungen gerecht zu werden.

Wer dabei oft vergessen wird, ist die Gruppe von Gästen, die – egal aus welchem Grund – auf Alkohol verzichtet. Die Gründe für diesen Verzicht können sehr vielfältig sein. Zu den häufigsten zählt sicherlich die Vorgabe unseres Gesetzgebers bezüglich des erlaubten Blutalkoholgehaltes im Straßenverkehr. Entwöhnte Alkoholiker sind ein weiterer, für alkoholfreie Getränkealternativen sehr dankbarer Gästekreis. Besonders erwähnen möchte ich in diesem Zusammenhang die auf 12 Millionen geschätzten Menschen, die in Deutschland an Diabetes leiden. Gerade für diese Gruppe von Gästen ist es wichtig, eine berechenbare Ergänzung zum bestehenden Getränkeangebot zu erhalten. Dies sind die Hauptgründe, warum ich ein

Buch nur über den Themenbereich „Alkoholfreie Cocktails" geschrieben habe.
Die Vielfalt an Säften, Limonaden, Sirupen und Früchten ist so unerschöpflich groß, dass es mir ein Rätsel ist, warum man bei der Frage nach alkoholfreien Cocktails viel zu oft nur ein Schulterzucken erfährt. Diese Reaktion sollte mit diesem Buch der Vergangenheit angehören.
Ich möchte mit diesem Buch jedem ein Instrument zur Verfügung stellen, mit dem es ihm gelingt, allen die auf Alkohol verzichten entsprechende hochwertige und geschmacklich vielfältige Alternativen zu empfehlen.
Für jeden, der sich zu diesem Gästekreis zählt, bedeutet dieses Angebot ein Stück mehr Lebensqualität.
Ich wünsche Ihnen viel Spaß beim Kreieren, Mixen und Genießen

Ihr Helmut Süss

Hinweise zu den Rezepturen

Alle mit * gekennzeichneten Drinks sind Eigenkreationen des Autors.

Die einzelnen Rezepturen sind nach folgendem Schema aufgebaut:
- Name des Drinks
- Art der Zubereitung
- Glasempfehlung
- Rezept
- Beschreibung der Zubereitung und Garniturvorschlag
- Berechnung der Kohlenhydrate, Kilokalorien und Broteinheiten

Bei den Garnituren handelt es sich um einfache Vorschläge, die Sie zu Hause leicht nachvollziehen können. Ihrer Phantasie seien hier keine Grenzen gesetzt.

Da Cocktails, die im Cocktailglas serviert werden, grundsätzlich kein Eis im Glas enthalten, sollte das Glas vor dem Gebrauch im Kühlschrank, Eisfach oder durch Ausschwenken mit Eiswürfeln vorgekühlt werden.

Auch wenn bei den Rezepturen nicht mehr gesondert darauf hingewiesen wird, so sollten doch alle Longdrinks grundsätzlich mit Trinkhalm serviert werden.

Maßeinheiten

Die Maßeinheiten beziehen sich immer auf einen Drink und werden wie folgt abgekürzt:
Liter = l
Zentiliter = cl (1 cl = 0,01 l)
Barlöffel = Bl (1 Bl = ca. 0,5 cl)
Esslöffel = El
Teelöffel = Tl
Flasche = Fl.
dash = 1 Spritzer

Cocktail & Bar History

Cocktail History

Woher kommt der Name „Cocktail"

Über den Ursprung des Namens „Cocktail", deutsch „Hahnenschwanz", gibt es verschiedenste Mutmaßungen. Hier zwei der bekanntesten Versionen:

„On the cocks tail"

Die noch heute in Südamerika beliebten, jedoch offiziell verbotenen Hahnenkämpfe waren zur Zeit der ersten Einwanderer ein besonders in den Südstaaten stattfindendes Unterhaltungsspiel.
Dem unterlegenen Hahn wurde der bunte Schwanz ausgerissen und dem Besitzer des siegreichen Hahns als Trophäe überreicht. Natürlich musste der Sieg entsprechend gefeiert werden. Man trank, wie die Geschichte sagt, „on the cocks tail". Später wurden die gereichten Getränke kurz Cocktail genannt.

„Vive le coq's tail"

Betsy Flanagan, eine Soldatenwitwe, unterhielt im Jahre 1779 eine Gaststätte in Yorktown, die hauptsächlich von französischen Offizieren besucht wurde. Die Franzosen liebten es, Betsy mit einem Engländer zu necken, der in der Nachbarschaft Hühner züchtete. Als Betsy eines Tages von dem Gerede genug hatte, ging sie kurzerhand zur Hühnerfarm des Nachbarn und riss den Hähnen Schwanzfedern aus. Den französischen Offizieren servierte sie darauf ein Mixgetränk, das sie, um dem Gerede über die angebliche Sympathie zu dem Engländer nun endgültig ein Ende zu machen, mit farbenprächtigen Federn dekorierte. Ein französischer Leutnant rief darauf aus: „Vive le coq's tail!" Seither werden die Mixgetränke Cocktails genannt.

Bar History

Das heute gebräuchliche Wort Bar dürfte auf die Zeit der Kolonialisierung Amerikas zurückgehen. Die damaligen Einwohner trafen sich in Drugstores, um bei ihren Einkäufen auch ihre Erlebnisse auszutauschen. Da man dabei oft ein Gläschen (zuviel) trank, endeten die Gespräche nicht selten in einer Rauferei. Zu ihrem eigenen Schutz errichteten die Drugstore-Besitzer Barrieren – mittels eines Balkens, mit dem sie den Ladentisch und die Regalwand absperrten. Das englische Wort „bar" bedeutet ursprünglich „Barriere". Aus diesen Drugstores entwickelten sich später die Saloons, die in Amerika als Vorläufer der heutigen Bars gelten.

Mixgeräte

Die wichtigsten Geräte an der Hausbar

TIPP
Achten Sie bereits bei der Beschaffung Ihrer Bargeräte auf die richtige Qualität, vor allem aber darauf, dass diese ausschließlich aus Silber oder rostfreiem Edelstahl gefertigt sind.

Shaker: Drinks aus schwer vermengbaren Zutaten werden im Shaker zubereitet. Man unterscheidet zwischen drei Standardausführungen:

❶ Dreiteiliger Shaker: Er enthält ein integriertes Sieb im Deckelaufsatz, das Eisstücke und Fruchtkerne beim Abseihen des fertigen Drinks zurückhält.
Nachteil: Der fertige Drink läuft beim Abseihen durch das integrierte Barsieb nur sehr langsam ab. Außerdem ist das Sieb sehr schwer sauber zu halten.

❷ Zweiteiliger Shaker: Er kommt auch in professionellen Bars zum Einsatz. Im Gegensatz zum dreiteiligen Shaker ent-

hält er kein integriertes Barsieb. Es ist deshalb nötig, mit einem Strainer (Barsieb) zu arbeiten.

❸ Boston Shaker: Dieser Shaker ist dem zweiteiligen Shaker sehr ähnlich, besteht jedoch aus einem Glas und einem Metallbecher. Das Glasteil kann ebenso als Rührglas verwendet werden. Der Umgang mit diesem Gerät erfordert etwas Übung, da er bei falschem Zusammensetzen nicht richtig schließt.

❹ Rührglas (Mixglas): Im Rührglas werden Drinks zubereitet, welche aus Zutaten bestehen, die sich leicht vermengen.

❺ Strainer (Barsieb): Seinen Rand bildet eine Spiralfeder, die Eis und Fruchtstücke beim Abseihen im Shaker oder Rührglas zurückhält.

❻ Messbecher (Jigger): Er dient zum Abmessen der flüssigen Zutaten von Drinks. Die meisten haben zu diesem Zweck eine Eicheinteilung von 2 und 4 cl (Zentiliter).

7 Barlöffel: Ein langstieliger Löffel zum Rühren von Drinks im Rührglas. An seinem oberen Stielende befindet sich meist ein kleiner Schlegel (Muddler), der zum Zerstoßen von Zuckerwürfeln, Fruchtstücken und Blättern verwendet wird.

8 Spritzflasche (Bitterflasche oder Dashbottle): Wird verwendet für Angostura oder Orange Bitter, wovon man nur Spritzer oder Tropfen benötigt.

Dies sind die wichtigsten Geräte, um Drinks an Ihrer Hausbar zuzubereiten. Nachfolgend finden Sie eine Auflistung weiterer Bargeräte. Sollten Sie zur Herstellung eines Drinks aus diesem Buch eines dieser Geräte benötigen, wird beim Rezept besonders darauf hingewiesen, bzw. ein alternatives Gerät empfohlen.

9 Barmesser: Es dient zum Schneiden und Aufspießen von Garnituren.

10 Lime Squeezer (Limetten-Presse): Zange zum Auspressen von Limettenhälften.

11 Korkenzieher

12 Fruchtpresse: Zum Auspressen von Zitrusfrüchten.

13 Sektkühler, Eiszange

14 Eismühle (Icecrusher): Zur Herstellung von Crushed Ice (zerstoßenes Eis). Crushed Ice lässt sich sehr leicht herstellen, indem man Eiswürfel in ein großes Geschirrtuch gibt, es zusammenfaltet und anschließend mit der flachen Seite eines Fleischklopfers oder mit einem Nudelholz vorsichtig zerschlägt.

15 Eisschaufel: Zum Herausnehmen von Eiswürfeln oder Crushed Ice aus dem Eisbehälter.

16 Sekt-/Champagnerflaschenverschluss

17 Eispickel/Eisstecher: wird zum Lösen von zusammengefrorenen Eiswürfeln benutzt.

18 Muddler (Mörser): Den Muddler benötigt man zur Herstellung von Drinks, bei denen ganze Fruchtstücke im Glas zerstoßen werden müssen (z. B. Caipirinha).

⑲ Muskatreibe: Für einige Drinks benötigt man etwas geriebene Muskatnuss. Im Innenraum der Reibe lässt sich die Muskatnuss aufbewahren.

⑳ Barzange

㉑ Zestenreißer: Mit ihm lassen sich Spiralen aus Schalen von Zitrusfrüchten herstellen.

㉒ Schneidebrett: Es sollte umlaufend mit einer Saftrinne versehen sein, die den beim Schneiden von Früchten austretenden Saft auffängt.

㉓ Elektrischer Mixer: Der elektrische Mixer kann mit verschiedenen Geschwindigkeiten betrieben werden. Im Inneren des Aufsatzes befinden sich rotierende Messer. Mit diesem Gerät kann man sowohl Fruchtpürees wie auch Frozen Drinks herstellen.

㉔ Blender (Hamilton Beach): Dieser elektrische Mixer eignet sich am besten zur Zubereitung von Drinks aus schwer vermengbaren Zutaten wie z. B. Eier, Milch, Früchte und Sahne.

Cocktailsticks: Die dünnen Stäbchen braucht man zum Zusammenstecken von Garnituren. Statt dessen können Sie ohne weiteres Holzzahnstocher verwenden.

Eismaschine: Ein elektrisch betriebenes Gerät zur Erzeugung von Würfeleis.

Trinkhalme: Viele Getränke, vor allem Longdrinks, werden mit Trinkhalmen serviert. Sie sollten auch an der Hausbar stets griffbereit sein.

TIPP
Sollten Sie eine größere Menge an Eis benötigen, dann wenden Sie sich an einen Gastronomiebetrieb (Ihnen vertraute Bar, Hotel etc.) in Ihrer Nähe. Ansonsten empfehle ich Ihnen die Benutzung von Eiskugelbeuteln, die Sie ähnlich wie Frischhaltefolie im Einzelhandel erhalten.

Gläser

Cocktailglas: 10–16 cl

Longdrinkglas: 20–30 cl

Whiskytumbler: 15–25 cl

Sektglas oder Sektschale: 15–23 cl

Kleiner Whiskytumbler: 10–15 cl

Südweinglas: 5–7 cl

Die hier abgebildeten Gläser sollen Ihnen eine Orientie-rungshilfe für die zu verwendenden Glasgrundformen sein. Es steht Ihnen selbstverständlich frei, Gläser nach Ihrer Phantasie zu verwenden. Testen Sie aber vorher die Größe, damit die Füllmenge zu der Menge der Drinks passt.

Richtiges Mixen

Zubereitung eines Drinks im Shaker

Nachdem Sie alle Zutaten und Arbeitsgeräte bereitgestellt haben, halten Sie sich beim Mixen bitte an folgende Arbeitsschritte:

1. Geben Sie zuerst das zum Mixen benötigte Eis in den Shaker.

2. Kühlen Sie Ihre Gläser (mit Eiswürfeln) vor.

3. Gießen Sie das Schmelzwasser aus dem Shaker durch das Barsieb (Strainer) in einen bereitgehaltenen Behälter oder in ein zusätzliches Glas ab (Bild 1).

4. Geben Sie die abgemessenen Zutaten in den Shaker und verschließen Sie ihn. Bei Shortdrinks lassen sich maximal vier, bei Longdrinks maximal zwei Portionen auf einmal mischen.

5. Halten Sie den Shaker fest in beiden Händen. Schütteln Sie kräftig vom Körper weg und hin – maximal etwa zehn Sekunden, sonst verwässert der Drink (Bild 2).

6. Entfernen Sie das zum Vorkühlen verwendete Eis aus dem Glas (bei Longdrinks genügt es, das Schmelzwasser abzugießen).

7. Öffnen Sie den Shaker und seihen Sie den Inhalt durch das Barsieb ins Gästeglas ab (Bild 3).

Achten Sie bei der Zubereitung mehrerer Drinks darauf, dass Sie die Gläser in mehreren kleinen Portionen nacheinander füllen. So wird die Flüssigkeit gleichmäßig verteilt.

Zubereitung eines Drinks direkt im Gästeglas

Drinks, die gerührt und auf Eis serviert werden, kann man auch direkt im Gästeglas zubereiten. Der Vorgang wird dann beim Rezept gesondert beschrieben. Denken Sie aber auch hier daran, das Glas kurz vorzukühlen und das Schmelzwasser vor der Zugabe der Zutaten abzugießen.

Herstellung eines Zucker- oder Salzrandes

1. Nehmen Sie das Glas und befeuchten Sie den Glasrand durch vorsichtiges Drehen mit einer Zitronenhälfte (Bild 1).
2. Tauchen Sie den Glasrand vorsichtig in ein bereitstehendes Gefäß mit Zucker oder Salz (Bild 2).

Mithilfe farbiger Sirupe lassen sich auch bunte Zuckerränder herstellen. Sie brauchen dazu lediglich statt einer Zitrone etwas Sirup auf einen Teller zu geben und den Glasrand leicht einzutauchen. Der Rest funktioniert wie unter Punkt 2 beschrieben.
Manche Drinks werden nach der Zubereitung wegen des Aromas mit einer Orangen- bzw. Zitronenzeste (Schalen-Spalte) abgespritzt. Verwenden Sie dazu nur gewaschenes Obst. Schneiden Sie mit dem Messer ein etwa 2 cm großes Stück von der Schalenfläche und drücken Sie es mit der Schalenoberseite über dem Drink aus. Diesen Vorgang nennt man **Lemon- oder Orange twist** (Bild 3).

Mixtipps

Die wichtigsten Grundregeln des Mixens

Verwenden Sie nur Markenprodukte und frische Zutaten.

Mixgetränke sollten immer eiskalt und rasch serviert werden, da lauwarme Drinks fad schmecken.

Das Eis ist ein wesentlicher Bestandteil aller Drinks. Benützen Sie auf keinen Fall wässriges Eis, da sonst auch die Drinks wässrig schmecken.

Mixgetränke, die gerührt und auf Eis serviert werden, können direkt im Glas zubereitet werden.

Drinks, die man rührt, aber ohne Eis serviert, mixt man im Rührglas und seiht sie ins Glas ab (s. auch S. 15).

Halten Sie sich genau daran, ob im Rezept Schütteln oder Rühren angegeben ist. Geschüttelte Drinks sind trüb, gerührte klar.

Das Schütteln oder Rühren bewirkt erstens, dass sich die Zutaten vermischen, und kühlt zweitens stark ab, ohne zu verwässern. Gerührt werden Drinks, deren Zutaten sich leicht verbinden. Geschüttelt werden Drinks, deren Zutaten sich schwer vermengen, z. B. Sahne, Milch und Eier, Sirupe und Säfte. Für beides gilt: schütteln oder rühren Sie immer kurz (maximal 10 Sekunden) und kräftig. Halten Sie den Shaker waagerecht und fest in beiden Händen und bewegen Sie ihn vom Körper weg und zu sich hin (s. auch S. 14).

Beachten Sie bei Rezepten, die Getränke mit Kohlensäure wie Cola, Soda, Tonic Water usw. enthalten, dass Sie niemals im Shaker geschüttelt werden dürfen.

Wenn Sie mehrere Drinks auf einmal mixen, füllen Sie die Gläser nacheinander und in mehreren kleinen Portionen auf. So verhindern Sie, dass das letzte Glas nur noch zur Hälfte gefüllt ist.

Garnieren Sie die Drinks mit Liebe und etwas Feingefühl. Ein Drink wirkt durch eine überladene Garnitur wie ein Obstsalat. (Garnituren sollen essbar sein!)

Wenn Sie sich genau an die angegebenen Maßangaben halten, gelingen Ihnen Ihre Drinks auf Anhieb.

Lernen Sie das Metier erst etwas kennen, bevor Sie sich an Eigenkreationen versuchen, und denken Sie daran, dass sich Phantasiegetränke nicht durch große Härte auszeichnen müssen.

Warenkunde

Die nachfolgende Warenkunde soll Ihnen bei Fragen über die an der Bar gebräuchlichen Ingredienzien für alkoholfreie Cocktails als Nachschlagewerk dienen. Hier sind die für Sie wichtigen Informationen über Herstellung und zum Teil Herkunft der einzelnen Getränke aufgeführt.

Sirup

Die Urmutter aller Sirupe ist der Leuterzucker. Spricht man in einer Bar von Zuckersirup ist dieser gemeint. Die Rezeptur ist sehr einfach. Man gibt ein Kilogramm Zucker in einen Liter kochendes Wasser, nimmt das Ganze von der Kochstelle und rührt so lange (ca. 1 Min.) bis die Flüssigkeit sich läutert, also klar ist. Egal in welcher Menge man Zuckersirup herstellt, das Verhältnis lautet immer 1:1.

Versetzt man die Mixtur während der Herstellung mit verschiedenen Aromen, bzw. Fruchtauszügen, so erhält man die an den Bars bekannten Fruchtsirupe.

Der Unterschied zum Läuterzucker liegt abgesehen vom Geschmack auch im Zuckergehalt, da die Fruchtsirupe meistens etwa 700–800 g Zucker pro Liter enthalten.

Bekannte Hersteller und wo man deren Produkte kaufen kann

dàrbo (Österreich)
Sitz dieses bekannten Herstellers von qualitativ sehr hochwertigen Fruchtsirupen ist Tirol.
Neben den vielen ausgezeichneten Fruchtsirupen bietet dàrbo auch drei Sirupe (Holunderblüte, Himbeere, schwarze Johannisbeere) für Diabetiker an.
Diese Sirupe werden im Unterschied zu den anderen auf Fruktosebasis hergestellt.
Ausschließlich diese Sirupe werden bei den Rezepten mit „Diabetiker Sirup" verwendet.
dàrbo-Sirupe erhält man in Drogeriemärkten und zunehmend auch im Einzelhandel.
Anschrift:
Adolf Darbo AG, A-6135 Stans/Tirol-Austria
Tel: 0043 / 5242 / 69510

Monin (Frankreich)
Auch diese nach Deutschland importierte,
französische Sirupmarke bietet die breiteste
Auswahl an Fruchtsirupen an. Sie ist bei Bar-
keepern sehr beliebt.
Importeur:
EMG, Wilhelm-Rautenstrauch-Straße 3,
D-54216 Trier/Mosel
Tel: 0651 / 7196140

Giffard (Frankreich)
Die Sirupe von Giffard sind Produkte auf
geschmacklich hohem Niveau.
Ansprechpartner für Produkte dieser Firma
in Deutschland ist
Yann Koebel, Martin-Maier-Straße 45,
74223 Flein
Tel: 07131 / 506160

Riemerschmid (Deutschland)
Das einst von Heinrich Riemerschmid ge-
gründete Unternehmen bietet eine große
Auswahl an Sirupen und hat seinen Sitz in
Erding bei München.

Säfte

Die Vielfalt an Säften ist so groß, dass die
Aufzählung einzelner Marken Bände füllen
würde, deshalb gebe ich Ihnen einen
Überblick über die für Sie wichtigen
Qualitätsmerkmale.

Fruchtsaft

Fruchtsaft muss nicht frisch gepresst in den
Handel kommen, jedoch enthält er immer
einen Fruchtsaftanteil von 100 %.
Die Zugabe von Zucker ist nicht erlaubt! Das
bedeutet, dass Fruchtsaft nur den in der
Frucht enthaltenen Fruchtzucker enthält.
Achten Sie beim Einkauf – vor allem bei
Säften aus Zitrusfrüchten – auf die Angabe
„Fruchtsaftgehalt 100 %".

Fruchtnektar

Fruchtnektare unterscheiden sich von den
Fruchtsäften einmal im Fruchtgehalt (mindestens 50 %), außerdem dürfen sie zusätzlichen Zucker enthalten. Dies muss jedoch
keine Qualitätsminderung bedeuten, es gibt
nun mal Früchte wie die Passionsfrucht
(Maracuja), deren Fruchtsäuregehalt so
hoch ist, dass man sie als reinen Fruchtsaft
nicht trinken könnte.

Fruchtsaftgetränke

Bei Fruchtsaftgetränken muss der Fruchtsaftanteil mindestens 25 % betragen. Auch
sie dürfen zusätzlichen Zucker enthalten. Es
ist nicht unbedingt ein Zeichen geringerer
Qualität, wenn es sich um ein Fruchtsaft-
getränk handelt, denn zum Beispiel Bana-
nensaft lässt sich auch mit größter Mühe
nicht frisch gepresst bzw. als reinen Saft
herstellen.

Cocktails für Diabetiker?

Wasser, Tee, Kaffee – ja das wären schon fast alle nicht-alkoholischen Getränke, zudem noch ohne Kalorien, die einem zum unbedenklichen Verzehr für Diabetiker einfallen. Vielleicht gesellen sich noch einige Diät- und Light-Produkte hinzu.

Und da wäre noch die Milch, aber da sich in dieser sowohl Zucker als auch Eiweiß und Fett befinden, bedarf es der Berücksichtigung der Kalorien respektive der Broteinheiten (letztere sind nur bei insulinbehandelten Betroffenen von Bedeutung). Zuletzt seien unter den alkoholischen Getränken Bier und Wein genannt, ergänzt durch Schnaps, von dem gelegentlich auch Diabetiker ein Glas genießen können. War das nun alles, was Diabetiker so trinken dürfen?

Aber da ist Helmut Süss zur Stelle. Er hat sich in diesem Buch einer Kategorie von Getränken gewidmet, an die man bisher kaum im Zusammenhang mit Diabetikern gedacht hätte: Drinks und Cocktails. Lebensqualität, ich denke, dass dieser Begriff nach heutigen Vorstellungen ein wesentliches Ziel eines jeden Lebens – auch eines Diabetikerlebens – sein sollte. Und gerade Drinks oder Mixgetränke sind inzwischen für viele Menschen ein fester Bestandteil geselliger und gepflegter „Trinkkultur" geworden.

Von Mixgetränken für Diabetiker hatte ich zuvor noch niemals etwas gehört, ja um ehrlich zu sein, sie waren für mich zum Teil sogar undenkbar. Kein Wunder, bisher sprach man immer von Diät, und nicht von Essen und Trinken. Die meisten sprechen denn auch sofort von ihren „Diätsünden", ein Begriff, der mir seit langem Probleme macht, denn schließlich gehören Essen und Trinken zu ganz entscheidenden Genüssen – ja und warum sollte man da nur graues Einerlei walten lassen, auch bei den Trinkgenüssen? Zugegeben – ich verstehe nicht viel von Drinks und Mixgetränken – aber man beschäftigt sich gerne mit neuen Themen und Trends, und als Helmut Süss, als ausgewiesener Experte auf dem Gebiet des Mixens, mir seine alkoholfreien Drinks und Cocktails für Diabetiker vorstellte, war ich Feuer und Flamme. Er hat sich als erster dieses Themas angenommen und will damit die Monotonie der Getränke bei Diabetikern beenden.

Die Vielfalt der unterschiedlichen Geschmacksrichtungen – auch ohne Alkohol – ist erstaunlich und so hoffe ich, dass dieses Buch vielen Menschen Anlass zum Experimentieren gibt. Schließlich kennen sich – davon bin ich überzeugt – die meisten Diabetiker noch nicht mit Mixdrinks aus.

Neuland betreten, Neues ausprobieren und dann noch genießen, das ist für manchen Betroffenen inzwischen selbstverständlich geworden, für die meisten allerdings immer noch nicht. Vielleicht kann dieses praktische Buch dabei helfen, Vorurteile gegenüber Mixgetränken auszuräumen.

Bei diesen Rezepten finden Sie Cocktails in sämtlichen Geschmacksrichtungen, die alle ausprobiert worden sind, sie wurden nicht am Computer entworfen, sondern von Kennern erprobt, damit Sie als Betroffene – aber auch alle anderen – Freude daran haben werden.

Dabei wurden sämtliche Getränke diabetesgerecht aufgearbeitet. Harald Stäblein, Diabetesberater DDG und Diätassistent, hat sich ans Rechnen gemacht, die Maße erfasst und jedes einzelne Getränk kalorisch und hinsichtlich Kohlenhydraten erfasst (die Garnituren sind dabei allerdings unberücksichtigt). Der bekannte Smiley soll Ihnen die Auswahl noch einfacher machen.

Ich wünsche allen Diabetikern und Nicht-Diabetikern viel Freude beim Ausprobieren und Genießen!

Dr. Helmut Hasche

☺ = Kaloriensparer; enthält sehr wenige Kalorien

😐 = Kalorienbewusster; enthält etliche Kalorien und Kohlenhydrate

☹ = Kalorienfresser; enthält sehr viele Kalorien und Kohlenhydrate

Kontaktadresse für Diabetiker und Interessierte

Deutscher Diabetiker Bund e. V.
Bundesgeschäftsstelle
Danziger Weg 1
58511 Lüdenscheid

Longdrinks
fruchtig bis herb

Paddy's Dream*

- Shaker
- Longdrinkglas

- 10 cl Ananassaft
- 5 cl Orangensaft
- 1 cl frischer Zitronensaft

Die Zutaten mit 5–6 Eiswürfeln im Shaker schütteln und in ein Longdrinkglas mit 3 Eiswürfeln abseihen.
Mit Orangenspalte und Minzzweig dekorieren.

☺	KH	kcal	BE
10 cl Ananassaft	12	56	
5 cl Orangensaft	5,5	25	
1 cl Zitronensaft	0,24	3	
Gesamt	17,74	84	1,5

Don Camillo*

- Shaker
- Longdrinkglas

- 8 cl Orangensaft
- 8 cl Grapefruitsaft
- 1 cl Diabetiker Himbeersirup

Die Zutaten mit 5–6 Eiswürfeln im Shaker schütteln und in ein Longdrinkglas mit 3 Eiswürfeln abseihen.
Mit Grapefruitspalte und Himbeeren dekorieren.

☹	KH	kcal	BE
8 cl Orangensaft	8	40	
8 cl Grapefruitsaft	7,2	32	
1 cl Diabetiker Himbeersirup	7,7	32	
Gesamt	22,9	104	1,9

Red Passion*

- Shaker
- Longdrinkglas

- 8 cl Ananassaft
- 2 El Erdbeermus
- 1 cl frischer Zitronensaft
- 8 cl Diätzitronenlimonade

Die Zutaten außer der Limonade mit 5–6 Eiswürfeln im Shaker schütteln und in ein Longdrinkglas mit 3 Eiswürfeln abseihen.
Mit der Limonade auffüllen und mit Melone, Erdbeere und Traube dekorieren.

☺

	KH	kcal	BE
8 cl Ananassaft	9,6	45	
2 El Erdbeermus	3,5	20	
1 cl Zitronensaft	0,24	3	
Gesamt	13,34	68	1

Try it*

- Shaker
- Longdrinkglas

- 15 cl Ananassaft
- 1 cl frischer Zitronensaft
- 1 cl Diabetiker Holunderblütensirup

Die Zutaten mit 5–6 Eiswürfeln im Shaker schütteln und in ein Longdrinkglas mit 3 Eiswürfeln abseihen. Mit Ananasstück und Ananasblatt dekorieren.

☹	KH	kcal	BE
15 cl Ananassaft	18	84	
1 cl Zitronensaft	0,24	3	
1 cl Diabetiker			
Holunderblütensirup	7,7	32	
Gesamt	25,94	119	2

Lightpirinha*

- Direkt im Glas
- Whiskytumbler

- 1 Limette
- 1 cl Diabetiker Holunderblütensirup
- 10 cl Diätzitronenlimonade

Die Limette achteln, mit dem Diabetiker Holunderblütensirup im Glas zerstoßen. Das Glas mit Crushed Ice anfüllen und unter vorsichtigem Rühren die Limonade dazugeben.
Mit zwei kurzen Trinkhalmen servieren.

☺	KH	kcal	BE
1 Limette	1	20	
1 cl Diabetiker			
Holunderblütensirup	7,7	32	
Gesamt	8,7	52	0,7

White Flavour*

- Shaker
- Longdrinkglas

- 10 cl Orangensaft
- 5 cl Ananassaft
- 1 cl frischer Zitronensaft
- 1 cl Diabetiker Holunderblütensirup

Die Zutaten mit 5–6 Eiswürfeln im Shaker
schütteln und in ein Longdrinkglas mit
3 Eiswürfeln abseihen.
Mit Orangen- und Limettenscheibe
und Erdbeere dekorieren.

☹	KH	kcal	BE
10 cl Orangensaft	12	49	
5 cl Ananassaft	6	28	
1 cl Zitronensaft	0,24	3	
1 cl Diabetiker			
Holunderblütensirup	7,7	32	
Gesamt	25,94	112	2

Red Pipe*

- Shaker
- Longdrinkglas

- 8 cl Ananassaft
- 8 cl Orangensaft
- 1 cl frischer Zitronensaft
- 1 cl Diabetiker Himbeersirup

Die Zutaten mit 5–6 Eiswürfeln im
Shaker schütteln und in ein Longdrinkglas mit 3 Eiswürfeln abseihen.
Mit Orangenscheibe und Orangen-
spirale dekorieren.

☹	KH	kcal	BE
8 cl Ananassaft	9,6	45	
8 cl Orangensaft	8	40	
1 cl Zitronensaft	0,24	3	
1 cl Diabetiker Himbeersirup	7,7	32	
Gesamt	25,54	120	2,1

Mississippi*

- Shaker
- Longdrinkglas

- 8 cl Orangensaft
- 1 cl frischer Zitronensaft
- 2 cl Diabetiker Holunderblütensirup
- 8 cl Diätzitronenlimonade

Die Zutaten außer der Limonade mit
5–6 Eiswürfeln im Shaker schütteln und
in ein Longdrinkglas mit 3 Eiswürfeln
abseihen.
Mit der Limonade auffüllen und mit
Orangen- und Zitronenscheibe
dekorieren.

☹	KH	kcal	BE
8 cl Orangensaft	8	40	
1 cl Zitronensaft	0,24	3	
2 cl Diabetiker Holunderblütensirup	15,4	64	
Gesamt	23,64	107	2

Funny Bunny*

- Shaker
- Longdrinkglas

- 5 cl Orangensaft
- 10 cl Ananassaft
- 1 cl frischer Zitronensaft
- 1 cl Diabetiker Johannisbeersirup

Die Zutaten außer dem Johannisbeersirup mit 5–6 Eiswürfeln im Shaker schütteln und in ein Longdrinkglas mit 3 Eiswürfeln abseihen.
Den Johannisbeersirup über den fertigen Drink geben und mit Babyananasstück dekorieren.

☹	KH	kcal	BE
5 cl Orangensaft	5,5	25	
10 cl Ananassaft	12	56	
1 cl Zitronensaft	0,24	3	
1 cl Diabetiker Johannisbeersirup	7,7	32	
Gesamt	25,44	116	2,1

Everglade Punch*

- Shaker
- Longdrinkglas

- 8 cl Ananassaft
- 8 cl Orangensaft
- 1 cl frischer Zitronensaft
- 1 Minzzweig

Die Zutaten mit 5–6 Eiswürfeln im Shaker schütteln und in ein Longdrinkglas mit 3 Eiswürfeln abseihen. Den Minzzweig in den fertigen Drink stellen.

🙂

	KH	kcal	BE
8 cl Ananassaft	9,6	45	
8 cl Orangensaft	8	40	
1 cl Zitronensaft	0,24	3	
Gesamt	17,84	88	1,5

Poolboy*

- Shaker
- Longdrinkglas

- 8 cl Orangensaft
- 1 cl frischer Zitronensaft
- 1 cl Diabetiker Himbeersirup
- 8 cl Mineralwasser mit Kohlensäure

Die Zutaten außer dem Mineralwasser mit 5–6 Eiswürfeln im Shaker schütteln und in ein Longdrinkglas mit 3 Eiswürfeln abseihen. Mit Mineralwasser auffüllen und mit Zitronenscheibe und Himbeeren dekorieren.

🙂

	KH	kcal	BE
8 cl Orangensaft	8	40	
1 cl Zitronensaft	0,24	3	
1 cl Diabetiker Himbeersirup	7,7	32	
Gesamt	15,94	75	1,3

Strawberry Light*

- Shaker
- Longdrinkglas

- 10 cl Orangensaft
- 8 cl Grapefruitsaft
- 2 El Erdbeermus

Die Zutaten außer dem Erdbeermus mit
5–6 Eiswürfeln im Shaker schütteln und
in ein Longdrinkglas mit 3 Eiswürfeln
abseihen.
Das Erdbeermus darüber geben und
mit Erdbeere und Orangenscheibe
dekorieren.

☹	KH	kcal	BE
10 cl Orangensaft	12	49	
8 cl Grapefruitsaft	7,2	32	
2 El Erdbeermus	3,5	20	
Gesamt	22,7	101	1,9

Dacapo*

- Shaker
- Longdrinkglas

- 2 El pürierte Honigmelone
- 12 cl Ananassaft
- 1 cl frischer Zitronensaft

Die Zutaten mit 5–6 Eiswürfeln im Shaker schütteln und in ein Longdrinkglas mit 3 Eiswürfeln abseihen. Mit Melonenspalte und Kirsche dekorieren.

☹

	KH	kcal	BE
2 El Honigmelone	7	30	
12 cl Ananassaft	14,4	67	
1 cl Zitronensaft	0,24	3	
Gesamt	21,64	100	1,8

Mint
Lemonade*

- Direkt im Glas
- Longdrinkglas

- 1 cl frischer Limettensaft
- 5–6 Minzblätter
- 1 cl Diabetiker Holunderblütensirup
- 15 cl Mineralwasser mit Kohlensäure

Die Minzblätter mit dem Holunderblütensirup und dem Limettensaft im Glas zerstoßen, das Glas zur Hälfte mit Crushed Ice füllen und mit dem Mineralwasser auffüllen.
Mit Minzzweig und Limettenscheibe dekorieren.

☺

	KH	kcal	BE
1 cl Limettensaft	0,24	3	
1 cl Diabetiker Holunderblütensirup	7,7	32	
Gesamt	7,94	35	0,7

Greendoor*

- Shaker
- Longdrinkglas

- 1 pürierte Kiwi
- 10 cl Ananassaft
- 1 cl frischer Zitronensaft
- 1 cl Diabetiker Holunderblütensirup

Die Zutaten mit 5–6 Eiswürfeln im Shaker schütteln und in ein Longdrinkglas mit 3 Eiswürfeln abseihen. Mit Melonenspalte und Johannisbeeren dekorieren.

☹	KH	kcal	BE
1 Kiwi	8	40	
10 cl Ananassaft	12	56	
1 cl Zitronensaft	0,24	3	
1 cl Diabetiker Holunderblütensirup	7,7	32	
Gesamt	27,94	131	2,5

Diät Raspberry Collins*

- ■ Direkt im Glas
- ■ Longdrinkglas

- ■ 2 cl Diabetiker Himbeersirup
- ■ 2 cl frischer Zitronensaft
- ■ 15 cl Mineralwasser mit Kohlensäure

Den Sirup und Zitronensaft in einem bis zur
Hälfte mit Crushed Ice gefülltem Longdrinkglas
verrühren und mit Mineralwasser auffüllen.
Mit Himbeeren dekorieren.

☺

	KH	kcal	BE
2 cl Diabetiker Himbeersirup	15,4	64	
2 cl Zitronensaft	0,48	6	
Gesamt	15,88	70	1,3

Diät Elder Collins*

- ■ Direkt im Glas
- ■ Longdrinkglas

- ■ 2 cl Diabetiker Holunderblütensirup
- ■ 2 cl frischer Zitronensaft
- ■ 15 cl Mineralwasser mit Kohlensäure

Den Sirup und Zitronensaft in einem bis zur Hälfte
mit Crushed Ice gefülltem Longdrinkglas verrühren und mit Mineralwasser auffüllen.
Mit Zitronenscheibe dekorieren.

☺

	KH	kcal	BE
2 cl Diabetiker Holunderblütensirup	14,06	64	
2 cl Zitronensaft	0,48	6	
Gesamt	14,54	70	1,2

Lighthouse*

- Shaker
- Longdrinkglas

- 8 cl Blutorangensaft
- 1 cl Diabetiker Himbeersirup
- 8 cl Mineralwasser mit Kohlensäure

Die Zutaten außer dem Mineralwasser mit 5–6 Eiswürfeln im Shaker schütteln und in ein Longdrinkglas mit 3 Eiswürfeln abseihen.
Mit Mineralwasser auffülen und mit Orangenscheibe und -spirale dekorieren.

☺

	KH	kcal	BE
8 cl Blutorangensaft	8	40	
1 cl Diabetiker			
Himbeersirup	7,7	32	
Gesamt	15,7	72	1,3

Diät Currant Collins*

- Direkt im Glas
- Longdrinkglas

- 2 cl Diabetiker Johannisbeersirup
- 2 cl frischer Zitronensaft
- 15 cl Mineralwasser mit Kohlensäure

Den Sirup und Zitronensaft in einem bis zur Hälfte mit Crushed Ice gefülltem Longdrinkglas verrühren und mit Mineralwasser auffüllen.
Mit Johannisbeeren dekorieren.

☺

	KH	kcal	BE
2 cl Johannisbeersirup	14,06	64	
2 cl Zitronensaft	0,48	6	
Gesamt	14,54	70	1,2

Andaluz*

- Shaker
- Longdrinkglas

- 1 pürierte Kiwi
- 1 cl frischer Zitronensaft
- 2 Spritzer flüssiger Süßstoff
- 15 cl Diätzitronenlimonade

Die Zutaten außer der Limonade mit 5–6 Eiswürfeln im Shaker schütteln und in ein Longdrinkglas mit 3 Eiswürfeln abseihen.
Mit der Limonade auffüllen und mit Kiwischeibe dekorieren.

☺

	KH	kcal	BE
1 pürierte Kiwi	8	40	
1 cl Zitronensaft	0,24	3	
Gesamt	8,24	43	0,6

Mangofire*

- Shaker
- Longdrinkglas

- 10 cl Orangensaft
- 1 cl frischer Zitronensaft
- 2 El pürierte Mango
- 5 cl Mineralwasser mit Kohlensäure

Die Zutaten außer dem Mineralwasser im Shaker mit 5–6 Eiswürfeln schütteln und in ein Longdrinkglas mit 3 Eiswürfeln abseihen.
Mit Mineralwasser auffüllen und mit Kiwischeibe und Mangospalte dekorieren.

☺	KH	kcal	BE
10 cl Orangensaft	12	49	
1 cl Zitronensaft	0,24	3	
2 El pürierte Mango	3,84	17	
Gesamt	16,08	69	1,3

Tropic

Rüdiger Schmidt (DBU)

- Direkt im Glas
- Longdrinkglas

- 2 cl frischer Zitronensaft
- 4 cl Ananassaft
- 4 cl Maracujanektar
- 2 cl Erdbeersirup
- 8 cl Tonic Water

Die Zutaten außer dem Tonic Water in einem Longdrinkglas mit 3 Eiswürfeln verrühren.
Mit Tonic Water auffüllen und mit Ananasecke und Kirsche dekorieren.

☹	KH	kcal	BE
2 cl Zitronensaft	0,48	6	
4 cl Ananassaft	4,8	22,4	
4 cl Maracujanektar	10	22	
2 cl Erdbeersirup	16,7	66,4	
8 cl Tonic Water	5,6	24	
Gesamt	37,58	140,8	3,1

Memphis

Darko Mihelcic (DBU)

- Shaker
- Longdrinkglas

- 2 cl Melonensirup
- 4 cl Kirschfruchtsaftgetränk
- 4 cl Ananassaft
- 4 cl Maracujanektar

Die Zutaten mit 5–6 Eiswürfeln im Shaker schütteln und in ein Longdrinkglas mit 3 Eiswürfeln abseihen.
Mit Melonenspalte und Kirsche dekorieren.

☹	KH	kcal	BE
2 cl Melonensirup	15,2	60,1	
4 cl Kirschfruchtsaft	3,2	24	
4 cl Ananassaft	4,8	22,4	
4 cl Maracujanektar	10	22	
Gesamt	23,2	128,5	2,8

Caddy's Dream*

- ■ Shaker
- ■ Longdrinkglas

- ■ 10 cl Ananassaft
- ■ 5 cl Orangensaft
- ■ 2 cl frischer Zitronensaft
- ■ 2 cl Blue Curaçao alkoholfrei

Die Zutaten mit 5–6 Eiswürfeln im Shaker schütteln und in ein Longdrinkglas mit 3 Eiswürfeln abseihen.
Mit Mangospalte und Kirsche dekorieren.

☹	KH	kcal	BE
10 cl Ananassaft	12	56	
5 cl Orangensaft	5,2	24	
2 cl Zitronensaft	0,48	6	
2 cl Blue Curaçao alkoholfrei	16,7	66,4	
Gesamt	34,38	152,4	2,8

Carribean Sunrise*

- Shaker
- Longdrinkglas

- 5 cl Orangensaft
- 10 cl Grapefruitsaft
- 2 cl Erdbeersirup

Die Säfte mit 5–6 Eiswürfeln im Shaker schütteln und in ein Longdrinkglas mit 3 Eiswürfeln abseihen.
Den Erdbeersirup vorsichtig über den fertigen Drink ins Glas geben und mit einer Erdbeere dekorieren.

☹

	KH	kcal	BE
5 cl Grapefruitsaft	9	40	
10 cl Orangensaft	5,2	24	
2 cl Erdbeersirup	16,7	66,4	
Gesamt	30,9	130,4	2,6

Duchesse*

- Direkt im Glas
- Longdrinkglas

- 1 cl Diabetiker Johannisbeersirup
- 2 cl frischer Zitronensaft
- 15 cl Mineralwasser mit Kohlensäure

Die Zutaten außer dem Mineralwasser mit 3 Eiswürfeln im Longdrinkglas verrühren.
Mit Mineralwasser auffüllen und mit Zitronenscheibe und Beeren dekorieren.

☺

	KH	kcal	BE
1 cl Diabetiker Johannisbeersirup	7,7	32	
2 cl Zitronensaft	0,5	6	
Gesamt	8,2	38	0,7

Roadster*

- Shaker
- Longdrinkglas

- 6 cl Orangensaft
- 2 Rose's Lime Juice
- 2 cl Blue Curaçao alkoholfrei
- 8 cl Tonic Water

Die Zutaten außer dem Tonic Water mit 5–6 Eiswürfeln im Shaker schütteln und in ein Longdrinkglas mit 3 Eiswürfeln abseihen.
Vorsichtig mit Tonic Water auffüllen und mit Zitronenscheibe und Kirschen dekorieren.

☹

	KH	kcal	BE
6 cl Orangensaft	6,42	28,2	
2 cl Rose's Lime Juice	6,4	24,6	
2 cl Blue Curaçao alkoholfrei	16,7	66,4	
8 cl Tonic Water	5,6	24	
Gesamt	35,12	143,2	2,9267

Mangotime*

- Shaker
- Longdrinkglas

- 5 cl Ananassaft
- 2 cl Mangosirup
- 1 cl frischer Zitronensaft
- 8 cl Gingerale

Die Zutaten außer dem Gingerale mit 5–6 Eiswürfeln im Shaker schütteln und in ein Longdrinkglas mit 3 Eiswürfeln abseihen. Mit Gingerale auffüllen und mit Babyananasstück dekorieren.

☹	KH	kcal	BE
5 cl Ananassaft	6	28	
2 cl Mangosirup	16	64	
1 cl Zitronensaft	0,24	3	
8 cl Gingerale	6,8	28	
Gesamt	29,04	123	2,4

Balance 42

Hans Stallinger (ÖBU/DBU)

- Shaker
- Longdrinkglas

- 3 cl frischer Zitronensaft
- 2 cl Holundersirup
- 1 cl Mandelsirup
- 6 cl Orangensaft
- 10 cl Ananassaft

Die Zutaten mit 5–6 Eiswürfeln im Shaker schütteln und in ein Longdrinkglas mit 3 Eiswürfeln abseihen.
Mit Orangenscheibe dekorieren.

☹	KH	kcal	BE
3 cl Zitronensaft	0,75	9	
2 cl Holundersirup	16	64	
1 cl Mandelsirup	7,8	31	
6 cl Orangensaft	6,42	28,2	
10 cl Ananassaft	12	56	
Gesamt	42,97	188,2	3,6

Sundowner*

- Shaker
- Longdrinkglas

- 8 cl Blutorangensaft
- 1 cl Grenadinesirup
- 8 cl Bitter Lemon

Die Zutaten außer dem Bitter Lemon mit 5–6 Eiswürfeln im Shaker schütteln und in ein Longdrinkglas mit 3 Eiswürfeln abseihen.
Mit Bitter Lemon auffüllen und mit Zitronenscheibe dekorieren.

☹	KH	kcal	BE
8 cl Orangensaft	8,4	37,6	
1 cl Grenadinesirup	8,56	34,5	
8 cl Bitter Lemon	6,4	28	
Gesamt	23,36	100,1	1,9

Beppone*

- Shaker
- Longdrinkglas

- 8 cl Grapefruitsaft
- 8 cl Orangensaft
- 2 cl Blue Curaçao alkoholfrei
- 1 cl frischer Zitronensaft

Die Zutaten mit 5–6 Eiswürfeln im Shaker schütteln und in ein Longdrinkglas mit 3 Eiswürfeln abseihen.
Mit Orangenspalte und Kirsche dekorieren.

☹	KH	kcal	BE
8 cl Grapefruitsaft	7,2	31,2	
8 cl Orangensaft	8,4	37,6	
2 cl Blue Curaçao alkoholfrei	16,7	66,4	
1 cl Zitronensaft	0,24	3	
Gesamt	32,54	138,2	2,7

Succhiotto

Giancarlo Roncatto (DBU)

- Shaker
- Longdrinkglas

- 6 cl Bananenfruchtsaftgetränk
- 6 cl Orangensaft
- 2 cl frischer Zitronensaft
- 1 cl Erdbeersirup

Die Zutaten mit 5–6 Eiswürfeln im Shaker schütteln und in ein Longdrinkglas mit 3 Eiswürfeln abseihen.
Mit Ananasstück, Minzblatt und Kirsche dekorieren.

☹

	KH	kcal	BE
6 cl Bananenfrucht-saftgetränk	7,2	33	
6 cl Orangensaft	6,42	28,2	
2 cl Zitronensaft	0,48	6	
1 cl Erbeersirup	8,35	33,4	
Gesamt	22,45	100,6	1,9

Greenkeeper*

- Shaker
- Longdrinkglas

- ½ pürierte Kiwi
- 2 cl Zitronensaft
- 1 cl Zuckersirup
- 15 cl Bitter Lemon

Die Zutaten außer dem Bitter Lemon mit 5–6 Eiswürfeln im Shaker schütteln und in ein Longdrinkglas mit 3 Eiswürfeln abseihen.
Mit Bitter Lemon auffüllen und mit Orangen- und Zitronenscheibe dekorieren.

☹

	KH	kcal	BE
½ pürierte Kiwi	4,12	20	
2 cl Zitronensaft	0,48	6	
1 cl Zuckersirup	8	40	
15 cl Bitter Lemon	12	52,5	
Gesamt	24,6	118,5	2

Baby Face*

- Shaker
- Longdrinkglas

- 10 cl Ananassaft
- 6 cl Orangensaft
- 3 cl frischer Zitronensaft
- 2 cl Mandelsirup
- 1 cl Erdbeersirup

Die Zutaten mit 5–6 Eiswürfeln im Shaker schütteln und in ein Longdrinkglas mit 3 Eiswürfeln abseihen. Mit Karambolescheibe und Kirsche dekorieren.

☹	KH	kcal	BE
10 cl Ananassaft	12	56	
6 cl Orangensaft	6,3	28,2	
3 cl Zitronensaft	0,75	9	
2 cl Mandelsirup	15,6	62,8	
1 cl Erdbeersirup	8,35	33,6	
Gesamt	43	189,6	3,6

Lemon Fresh

Darko Mihelcic (DBU)

- Direkt im Glas
- Longdrinkglas

- 1 cl Grenadinesirup
- 2 cl Limettensaft
- 6 cl Grapefruitsaft
- 10 cl Bitter Lemon

Die Zutaten außer dem Bitter Lemon mit 3 Eiswürfeln im Longdrinkglas verrühren. Mit Bitter Lemon auffüllen und mit Zitronenscheibe und Kirsche dekorieren.

	KH	kcal	BE
1 cl Grenadinesirup	8,56	34,5	
2 cl Limettensaft	0,48	6	
6 cl Grapefruitsaft	5,4	23,4	
10 cl Bitter Lemon	8	35	
Gesamt	22,44	98,9	1,9

Neuturms Frey

Jose Garcia Hernandez (DBU)

- Shaker
- Longdrinkglas

- 1 pürierte Kiwi
- 10 cl Maracujanektar
- 1 cl frischer Zitronensaft
- 1 cl Grenadinesirup

Die Zutaten mit 5–6 Eiswürfeln im Shaker schütteln und in ein Longdrinkglas mit 3 Eiswürfeln abseihen.
Mit Orangenscheibe und Kirsche dekorieren.

	KH	kcal	BE
1 pürierte Kiwi	8,24	40	
10 cl Maracujanektar	15	60	
1 cl Zitronensaft	0,24	3	
1 cl Grenadinesirup	8,56	34,5	
Gesamt	32,04	137,5	2,8

Mandolino*

- Shaker
- Longdrinkglas

- 10 cl Orangensaft
- 5 cl Ananassaft
- 1 cl frischer Zitronensaft
- 2 cl Mandelsirup

Die Zutaten mit 5–6 Eiswürfeln im Shaker schütteln und in ein Longdrinkglas mit 3 Eiswürfeln abseihen.
Mit Mangospalte, Limettenscheibe und Kirsche dekorieren.

	KH	kcal	BE
10 cl Orangensaft	10,5	47	
5 cl Ananassaft	6	28	
1 cl Zitronensaft	0,24	3	
2 cl Mandelsirup	15,6	62,8	
Gesamt	32,34	140,8	2,7

Peach Collins*

- ■ Direkt im Glas
- ■ Longdrinkglas

- ■ 5 cl Pfirsichnektar
- ■ 1 cl Grenadinesirup
- ■ 10 cl Mineralwasser mit Kohlensäure

Pfirsichnektar und Grenadinesirup in einem bis zur Hälfte mit Crushed Ice gefülltem Longdrinkglas verrühren.
Mit Mineralwasser auffüllen und mit Zitronenscheibe und Kirsche dekorieren.

☺

	KH	kcal	BE
5 cl Pfirsichnektar	7,5	30	
1 cl Grenadinesirup	8,56	34,5	
Gesamt	16,06	64,5	1,3

Fit Punch

Hans Stallinger (ÖBU/DBU)

- ■ Elektrischer Mixer
- ■ Longdrinkglas

- ■ 2 cl Maracujasirup
- ■ 2 cl Ananassaft
- ■ 2 cl frischer Zitronensaft
- ■ 6 cl Orangensaft

Die Zutaten mit 5–6 Eiswürfeln im elektrischen Mixer zerkleinern und in ein Longdrinkglas mit 3 Eiswürfeln abseihen.

☹

	KH	kcal	BE
2 cl Maracujasirup	16,7	33,7	
2 cl Ananassaft	2,4	11,2	
2 cl Zitronensaft	0,48	6	
6 cl Orangensaft	6,42	28,2	
Gesamt	26	79,1	2,2

Fruit Exstasy

- ■ Shaker
- ■ Longdrinkglas

- ■ 4 cl Maracujanektar
- ■ 4 cl Ananassaft
- ■ 2 cl frischer Zitronensaft
- ■ 8 cl Mineralwasser mit Kohlensäure

Die Zutaten außer Mineralwasser mit 5–6 Eiswürfeln im Shaker schütteln und in ein Longdrinkglas mit 3 Eiswürfeln abseihen.
Mit Mineralwasser auffüllen.

☺

	KH	kcal	BE
4 cl Maracujanektar	5	22	
4 cl Ananassaft	4,8	22,4	
2 cl Zitronensaft	0,48	6	
Gesamt	10,28	50,4	0,9

First Try*

- Shaker
- Longdrinkglas

- 15 cl Ananassaft
- 1 cl frischer Zitronensaft
- 2 cl Maracujasirup

Die Zutaten mit 5–6 Eiswürfeln im Shaker schütteln und in ein Longdrinkglas mit 3 Eiswürfeln abseihen. Mit Ananasstück und Kirschspießchen dekorieren.

☹	KH	kcal	BE
15 cl Ananassaft	18	70,5	
1 cl Zitronensaft	0,24	3	
2 cl Maracujasirup	16,7	67,4	
Gesamt	34,94	140,9	2,9

Ginger Dream*

- ■ Shaker
- ■ Longdrinkglas

- ■ 1 cl Sanddornsirup
- ■ 1 cl frischer Zitronensaft
- ■ 1 cl Bienenhonig
- ■ 15 cl Gingerale

Die Zutaten außer dem Gingerale mit 5–6 Eiswürfeln im Shaker schütteln und in ein Longdrinkglas mit 3 Eiswürfeln abseihen.
Mit Gingerale auffüllen und mit Zitronenscheibe und Kirsche dekorieren.

☹	KH	kcal	BE
1 cl Sanddornsirup	6,1	25,2	
1 cl Zitronensaft	0,24	3	
1 cl Bienenhonig	8,1	32,5	
15 cl Gingerale	13,6	56	
Gesamt	28,04	116,7	2,3

Cranberry Fizz*

- ■ Elektrischer Mixer
- ■ Longdrinkglas

- ■ 2 El Preiselbeeren
- ■ 1 cl Preiselbeersirup
- ■ 2 cl frischer Zitronensaft
- ■ 10 cl Mineralwasser mit Kohlensäure

Die Zutaten außer dem Mineralwasser mit 5–6 Eiswürfeln im elektrischen Mixer zerkleinern und in ein Longdrinkglas füllen.
Mit Mineralwasser auffüllen und mit Zitronenscheibe und frischen Beeren dekorieren.

☺	KH	kcal	BE
2 El Preiselbeeren	3,04	12	
1 cl Preiselbeersirup	8	32,5	
2 cl Zitronensaft	0,48	6	
Gesamt	11,52	50,5	1

Blueberry Fizz*

- ■ Elektrischer Mixer
- ■ Longdrinkglas

- ■ 2 El Heidelbeeren
- ■ 1 cl Heidelbeersirup
- ■ 2 cl frischer Zitronensaft
- ■ 10 cl Mineralwasser mit Kohlensäure

Die Zutaten außer dem Mineralwasser mit 5–6 Eiswürfeln im elektrischen Mixer zerkleinern und in ein Longdrinkglas füllen.
Mit Mineralwasser auffüllen und mit Zitronenscheibe und frischen Beeren dekorieren.

☺	KH	kcal	BE
2 El Heidelbeeren	2,96	34,8	
1 cl Heidelbeersirup	8	32,2	
2 cl Zitronensaft	0,48	6	
Gesamt	11,44	73	1

Back Pipe*

- Shaker
- Longdrinkglas

- 8 cl Orangensaft
- 8 cl Ananassaft
- 2 cl Maracujasirup
- 2 cl frischer Zitronensaft
- 1 cl Erdbeersirup

Die Zutaten außer dem Erdbeersirup mit 5–6 Eiswürfeln im Shaker
schütteln und in ein Longdrinkglas
mit 3 Eiswürfeln abseihen.
Den Erdbeersirup langsam über
den fertigen Drink ins Glas laufen
lassen und mit Kumquat, Minzblatt
und Kirsche dekorieren.

	KH	kcal	BE
8 cl Orangensaft	8,4	37,6	
8 cl Ananassaft	9,6	44,8	
2 cl Maracujasirup	16,7	67,4	
2 cl Zitronensaft	0,48	6	
1 cl Erdbeersirup	8,35	33,6	
Gesamt	43,53	189,4	3,6

Grapefruit-cocktail

- Shaker
- Longdrinkglas

- 12 cl Grapefruitsaft
- 4 cl Orangensaft
- 1 cl Grenadinesirup

Die Zutaten mit 5–6 Eiswürfeln im Shaker schütteln und in ein Longdrinkglas mit 3 Eiswürfeln abseihen.
Mit Melonenspalte und Kirsche dekorieren.

☹	KH	kcal	BE
12 cl Grapefruitsaft	10,8	46,8	
4 cl Orangensaft	4,28	18,8	
1 cl Grenadinesirup	8,35	33,5	
Gesamt	23,43	99,1	2

Bugs Bunny*

- Shaker
- Longdrinkglas

- 8 cl Ananassaft
- 4 cl Orangensaft
- 2 cl Mandelsirup
- 1 cl frischer Zitronensaft
- 1 cl Blue Curaçao alkoholfrei

Die Zutaten mit 5–6 Eiswürfeln im Shaker schütteln und in ein Longdrinkglas mit 3 Eiswürfeln abseihen.
Mit Ananasstück, Kirsche und Physalis (Kapstachelbeere) dekorieren.

	KH	kcal	BE
8 cl Ananassaft	9,6	44,8	
4 cl Orangensaft	4,28	18,8	
2 cl Mandelsirup	15,6	62,8	
1 cl Zitronensaft	0,24	3	
1 cl Blue Curaçao alkoholfrei	8,4	33,2	
Gesamt	38,12	132,6	3,1

Raspberry Fizz*

- Elektrischer Mixer
- Longdrinkglas

- 2 El Himbeeren
- 1 cl Himbeersirup
- 2 cl frischer Zitronensaft
- 10 cl Mineralwasser mit Kohlensäure

Die Zutaten außer dem Mineralwasser mit 5–6 Eiswürfeln im elektrischen Mixer zerkleinern und in ein Longdrinkglas füllen. Mit Mineralwasser auffüllen und mit Zitronenscheibe und frischen Beeren dekorieren.

☺

	KH	kcal	BE
2 El Himbeeren	2,76	12,8	
1 cl Himbeersirup	8,35	33,5	
2 cl Zitronensaft	0,48	6	
Gesamt	11,59	52,3	1

Gooseberry Fizz*

- Elektrischer Mixer
- Longdrinkglas

- 2 El Stachelbeeren
- 1 cl Zuckersirup
- 2 cl frischer Zitronensaft
- 10 cl Mineralwasser mit Kohlensäure

Die Zutaten außer dem Mineralwasser mit 5–6 Eiswürfeln im elektrischen Mixer zerkleinern und in ein Longdrinkglas füllen. Mit Mineralwasser auffüllen und mit Zitronenscheibe und frischen Beeren dekorieren.

☺

	KH	kcal	BE
2 El Stachelbeeren	3,4	18,8	
1 cl Zuckersirup	8	32	
2 cl Zitronensaft	0,48	6	
Gesamt	11,88	56,8	1

Lemon Cooler

- Direkt im Glas
- Longdrinkglas

- 1 cl Zuckersirup
- 2 cl frischer Zitronensaft
- 10 cl Gingerale

Den Zuckersirup und Zitronensaft mit 3 Eiswürfeln in einem Longdrinkglas verrühren und mit Gingerale auffüllen.

☺

	KH	kcal	BE
1 cl Zuckersirup	8	32	
2 cl Zitronensaft	0,48	6	
10 cl Gingerale	8,5	35	
Gesamt	16,98	73	1,4

Virgin Pirinha

- Direkt im Glas
- Whiskytumbler

- 1 Limette
- 1 Bl brauner Rohrzucker
- 10 cl Bitter Lemon

Die Limette achteln, mit dem Zucker
im Glas zerstoßen und das Glas mit
Crushed Ice anfüllen.
Das Bitter Lemon dazugeben, umrüh-
ren und mit zwei kurzen Trinkhalmen
servieren.

☺

	KH	kcal	BE
1 Limette	1	20	
1 Bl brauner Rohrzucker	2,5	10	
10 cl Bitter Lemon	8	35	
Gesamt	11,5	65	1,2

Whirl Pool*

- Shaker
- Longdrinkglas

- 8 cl Orangensaft
- 1 cl frischer Zitronensaft
- 2 cl Grenadinesirup
- 8 cl Mineralwasser mit Kohlensäure

Die Zutaten außer dem Mineralwasser mit 5–6 Eiswürfeln im Shaker schütteln und in ein Longdrinkglas mit 3 Eiswürfeln abseihen.
Mit Mineralwasser auffüllen und mit Orangenscheibe und Kirschen dekorieren.

☹	KH	kcal	BE
8 cl Orangensaft	8,4	37,6	
1 cl Zitronensaft	0,24	3	
2 cl Grenadinesirup	16,7	69	
Gesamt	25,34	109,6	2

Florida

- Shaker
- Longdrinkglas

- 8 cl Ananassaft
- 8 cl Orangensaft
- 2 cl frischer Zitronensaft
- 2 cl Grenadinesirup

Die Zutaten mit 5–6 Eiswürfeln im Shaker schütteln und in ein Longdrinkglas mit 3 Eiswürfeln abseihen. Mit Orangenscheibe und Kirschen dekorieren.

	KH	kcal	BE
8 cl Ananassaft	9,6	44,8	
8 cl Orangensaft	8,4	37,6	
2 cl Zitronensaft	0,48	6	
2 cl Grenadinesirup	16,7	69	
Gesamt	35,18	157,4	2,9

Angelina

Rüdiger Schmid (DBU)

- Shaker
- Longdrinkglas

- 2 cl frischer Zitronensaft
- 4 cl Ananassaft
- 5 cl Maracujanektar
- 2 cl Erdbeersirup
- 6 cl frischer Orangensaft

Die Zutaten mit 5–6 Eiswürfeln im Shaker schütteln und in ein Longdrinkglas mit 3 Eiswürfeln abseihen. Mit Ananasstück, Minzblatt und Kirsche dekorieren.

☹

	KH	kcal	BE
2 cl Zitronensaft	0,48	6	
4 cl Ananassaft	4,8	22,4	
5 cl Maracujanektar	12,5	27,5	
2 cl Erdbeersirup	16,7	66,4	
6 cl Orangensaft	6,42	28,2	
Gesamt	40,9	150,5	3,4

Kilimandscharo*

- Shaker
- Longdrinkglas

- 8 cl Orangensaft
- 2 cl Maracujasirup
- 2 cl frischer Zitronensaft
- 8 cl Tonic Water

Die Zutaten außer dem Tonic Water mit
5–6 Eiswürfeln im Shaker schütteln und in
ein Longdrinkglas mit 3 Eiswürfeln abseihen.
Mit Tonic Water auffüllen und mit Karambolescheibe und Erdbeere dekorieren.

☹	KH	kcal	BE
8 cl Orangensaft	8,4	37,6	
2 cl Maracujasirup	16,7	67,4	
2 cl Zitronensaft	0,48	6	
8 cl Tonic Water	5,6	24	
Gesamt	31,18	135	2,6

Current Fizz*

- Elektrischer Mixer
- Longdrinkglas

- 2 El Johannisbeeren
- 1 cl Johannisbeersirup
- 2 cl frischer Zitronensaft
- 10 cl Mineralwasser mit Kohlensäure

Die Zutaten außer dem Mineralwasser mit 5–6 Eiswürfeln im elektrischen Mixer zerkleinern und in ein Longdrinkglas füllen.
Mit Mineralwasser auffüllen und mit Zitronenscheibe und frischen Beeren dekorieren.

☺

	KH	kcal	BE
2 El Johannisbeeren	2,9	15,2	
1 cl Johannisbeersirup	8,3	33,4	
2 cl Zitronensaft	0,48	6	
Gesamt	11,68	54,6	1

Sailor Moon

Rüdiger Schmid (DBU)

- Shaker
- Longdrinkglas

- 2 cl Grapefruitsaft
- 4 cl Ananassaft
- 4 cl Maracujanektar
- 2 cl Erdbeersirup
- 6 cl frischer Orangensaft

Die Zutaten mit 5–6 Eiswürfeln im Shaker schütteln und in ein Longdrinkglas mit 3 Eiswürfeln abseihen.
Mit Melonenecke, Kirsche und Minzblatt dekorieren.

☹	KH	kcal	BE
2 cl Grapefruitsaft	1,8	7,8	
4 cl Ananassaft	4,8	22,4	
4 cl Maracujanektar	10	22	
2 cl Erdbeersirup	16,7	66,4	
6 cl Orangensaft	6,42	28,2	
Gesamt	39,72	146,8	3,3

Mango Pirinha

(Für Roswitha)

- ■ Direkt im Glas
- ■ Longdrinkglas

- ■ 1 Limette
- ■ 1 cl Mangosirup
- ■ 10 cl Mineralwasser mit Kohlensäure

Die Limette achteln, im Glas zerstoßen und das Glas mit Crushed Ice anfüllen. Mangosirup und Mineralwasser dazugeben und mit zwei kurzen Strohhalmen servieren.

☺

	KH	kcal	BE
1 Limette	1	20	
1 cl Mangosirup	8	32,2	
Gesamt	14	72,2	1,2

Sportsman

- ■ Shaker
- ■ Longdrinkglas

- ■ 15 cl Orangensaft
- ■ 1 cl frischer Zitronensaft
- ■ 1 cl Grenadinesirup
- ■ 1 Eigelb

Die Zutaten mit 5–6 Eiswürfeln im Shaker schütteln und in ein Longdrinkglas mit 3 Eiswürfeln abseihen.
Mit Orangen- und Zitronenscheibe dekorieren.

☹

	KH	kcal	BE
15 cl Orangensaft	16,05	70,7	
1 cl Zitronensaft	0,24	3	
1 cl Grenadinesirup	8,56	34,5	
1 Eigelb	0,3	84	
Gesamt	25,15	192,2	2,1

Cherry Fizz*

- ■ Elektrischer Mixer
- ■ Longdrinkglas

- ■ 2 El entkernte Kirschen
- ■ 2 cl Kirschfruchtsaftgetränk
- ■ 1 cl frischer Zitronensaft
- ■ 10 cl Mineralwasser mit Kohlensäure

Die Zutaten außer dem Mineralwasser mit 5–6 Eiswürfeln im elektrischen Mixer zerkleinern und in ein Longdrinkglas füllen. Mit Mineralwasser auffüllen und mit Zitronenscheibe und frischen Beeren dekorieren.

☺

	KH	kcal	BE
2 El Kirschen	5,68	23,6	
2 cl Kirschfruchtsaftgetränk	3	12	
1 cl Zitronensaft	0,24	3	
Gesamt	8,92	38,6	0,7

Verde

Darko Mihelcic (DBU)

- Shaker
- Longdrinkglas

- 1 cl Mintsirup
- 6 cl Ananassaft
- 6 cl Grapefruitsaft
- 6 cl Orangensaft

Die Zutaten mit 5–6 Eiswürfeln im Shaker schütteln und in ein Longdrinkglas mit 3 Eiswürfeln abseihen.
Mit Orangenscheibe, Kirsche und Physalis (Kapstachelbeere) dekorieren.

☹	KH	kcal	BE
1 cl Mintsirup	7,7	32	
6 cl Ananassaft	7,2	33,6	
6 cl Grapefruitsaft	5,4	23,4	
6 cl Orangensaft	6,42	28,2	
Gesamt	26,72	117,2	2,2

Recife

- Shaker
- Longdrinkglas

- 1 cl Bananensirup
- 8 cl Ananassaft
- 4 cl Maracujanektar
- 2 cl frischer Zitronensaft

Die Zutaten mit 5–6 Eiswürfeln im Shaker schütteln und in ein Longdrinkglas mit 3 Eiswürfeln abseihen.
Mit Orangenstück und eventuell Karambolescheibe dekorieren.

☹	KH	kcal	BE
1 cl Bananensirup	8,25	33	
8 cl Ananassaft	9,6	44,8	
4 cl Maracujanektar	5	22	
2 cl Zitronensaft	0,48	6	
Gesamt	23,33	105,8	2

Step by step

Darko Mihelcic (DBU)

- Shaker
- Longdrinkglas

- 2 El pürierter Pfirsich
- 1 El pürierte Erdbeeren
- 1 cl Mandelsirup
- 4 cl frischer Zitronensaft
- 8 cl Ananassaft

Die Zutaten mit 5–6 Eiswürfeln im Shaker schütteln und in ein Longdrinkglas mit 3 Eiswürfeln abseihen.
Mit Limettenscheibe, Kirsche und Orangenschale dekorieren.

☹	KH	kcal	BE
2 El pürierter Pfirsich	3,76	15,6	
1 El pürierte Erdbeeren	2,52	13,2	
1 cl Mandelsirup	8,35	33,6	
4 cl Zitronensaft	0,98	12	
8 cl Ananassaft	9,6	44,8	
Gesamt	25,21	119,2	2,1

Balu*

- Shaker
- Longdrinkglas

- 8 cl Ananassaft
- 2 cl Maracujasirup
- 2 cl frischer Zitronensaft
- 8 cl Bitter Lemon

Die Zutaten außer dem Bitter Lemon mit 5–6 Eiswürfeln im Shaker schütteln und in ein Longdrinkglas mit 3 Eiswürfeln abseihen.
Mit Bitter Lemon auffüllen und mit Limettenscheibe, -spirale und Kirsche dekorieren.

☹	KH	kcal	BE
8 cl Ananassaft	9,6	44,8	
2 cl Maracujasirup	16,7	67,4	
2 cl Zitronensaft	0,48	6	
8 cl Bitter Lemon	6,4	28	
Gesamt	33,18	146,2	2,8

Midnight Indigo*

(Für Elisabeth und Carlo)

- Shaker
- Longdrinkglas

- 6 cl Orangensaft
- 6 cl Pfirsichnektar
- 2 cl Grapefruitsaft
- 1 cl frischer Zitronensaft
- 1 cl Grenadinesirup

Die Zutaten außer dem Grenadinesirup mit 5–6 Eiswürfeln im Shaker schütteln und in ein Longdrinkglas mit 3 Eiswürfeln abseihen.
Den Grenadinesirup vorsichtig über den fertigen Drink geben. Mit Melonenspalte, Kirsche und Physalis (Kapstachelbeere) dekorieren.

☹	KH	kcal	BE
6 cl Orangensaft	6,42	28,2	
6 cl Pfirsichnektar	9	36	
2 cl Grapefruitsaft	1,2	7,8	
1 cl Zitronensaft	0,24	3	
1 cl Grenadinesirup	8,56	34,5	
Gesamt	25,42	109,5	2,1

Longdrinks
fruchtig bis süß

Orange Velvet

- Shaker
- Longdrinkglas

- 8 cl Ananassaft
- 8 cl Orangensaft
- 2 cl Mandelsirup
- 1 cl Sahne (30 %)

Die Zutaten mit 5–6 Eiswürfeln im Shaker schütteln und in ein Longdrinkglas mit 3 Eiswürfeln abseihen.
Mit Ananasstückchen und Kirschen dekorieren.

☹

	KH	kcal	BE
8 cl Ananassaft	9,6	44,8	
8 cl Orangensaft	8,4	37,6	
2 cl Mandelsirup	15,7	62,8	
1 cl Sahne	0,34	30,9	
Gesamt	34,04	176,1	2,8

Massimo*

- Shaker
- Longdrinkglas

- 6 cl Maracujanektar
- 10 cl Ananassaft
- 2 cl Bananensirup
- 1 cl Sahne (30 %)

Die Zutaten mit 5–6 Eiswürfeln im Shaker schütteln und in ein Longdrinkglas mit 3 Eiswürfeln abseihen.
Mit Ananasstück und Kirschen dekorieren.

☹

	KH	kcal	BE
6 cl Maracujanektar	9	36	
10 cl Ananassaft	12	56	
2 cl Bananensirup	16,75	66	
1 cl Sahne	0,34	30,9	
Gesamt	38,09	188,9	3,2

Paradiso*

- Shaker
- Longdrinkglas

- 15 cl Ananassaft
- 1 cl Maracujasirup
- 1 cl Sahne (30 %)
- 1 cl Erdbeersirup

Die Zutaten außer dem Erdbeersirup mit 5–6 Eiswürfeln im Shaker schütteln und in ein Longdrinkglas mit 3 Eiswürfeln abseihen.
Den Erdbeersirup vorsichtig über den fertigen Drink geben und mit Ananas-stück und Kirsche dekorieren.

☹	KH	kcal	BE
15 cl Ananassaft	18	84	
1 cl Maracujasirup	8,35	33,7	
1 cl Sahne	0,34	30,9	
1 cl Erdbeersirup	8,35	33,6	
Gesamt	35,04	182,2	3

Alexander's
Baby Cocktail

- Shaker
- Longdrinkglas

- 3 cl Himbeersirup
- 3 cl Sahne (30 %)
- 3 cl Cola

Die Zutaten außer der Cola mit 5–6 Eiswürfeln im Shaker schütteln und in ein Cocktailglas abseihen.
Mit Cola auffüllen.

☹

	KH	kcal	BE
3 cl Himbeersirup	25,5	100,5	
3 cl Sahne	1,1	92	
3 cl Cola	3,6	16,5	
Gesamt	30,2	209	2,5

Cool Banana*

- Shaker
- Longdrinkglas

- 15 cl Ananassaft
- 3 cl Bananensirup
- 1 cl Sahne (30 %)

Die Zutaten mit 5–6 Eiswürfeln im Shaker schütteln und in ein Longdrinkglas mit 3 Eiswürfeln abseihen.
Mit Ananasstück und Kirsche dekorieren.

☹

	KH	kcal	BE
15 cl Ananassaft	18	84	
3 cl Bananensirup	25,1	99	
1 cl Sahne	0,34	30,9	
Gesamt	43,44	213,9	3,6

Othello Tropic

Jose Garcia Hernandez (DBU)

- Shaker
- Longdrinkglas

- 4 cl Orangensaft
- 4 cl Apfelsaft
- 4 cl Ananassaft
- 3 cl Coconut cream
- 1 cl Rose's Lime Juice

Die Zutaten mit 5–6 Eiswürfeln im Shaker schütteln und in ein Longdrinkglas mit 3 Eiswürfeln abseihen.
Mit Apfelscheibe und Kirsche dekorieren.

☹

	KH	kcal	BE
4 cl Orangensaft	4,2	18,8	
4 cl Apfelsaft	4,68	18,8	
4 cl Ananassaft	4,8	22,4	
3 cl Coconut cream	14,7	196,7	
1 cl Rose's Lime Juice	3,3	12,37	
Gesamt	31,68	269,07	2,6

Pink Nothing*

- Shaker
- Longdrinkglas

- 15 cl Ananassaft
- 1 Bl frischer Zitronensaft
- 1 cl Erdbeersirup
- 2 cl Coconut cream
- 1 cl Sahne (30 %)

Die Zutaten mit 5–6 Eiswürfeln im Shaker schütteln und in ein Longdrinkglas mit 3 Eiswürfeln abseihen.
Mit Erdbeere dekorieren.

☹	KH	kcal	BE
15 cl Ananassaft	18	84	
1 Bl Zitronensaft	0,12	1,5	
1 cl Erdbeersirup	8,35	33,6	
2 cl Coconut cream	9,8	131	
1 cl Sahne	0,34	30,9	
Gesamt	36,61	281	3

Ede Wolf*

- ■ Shaker
- ■ Longdrinkglas

- ■ 5 cl Orangensaft
- ■ 8 cl Kirschfruchtsaftgetränk
- ■ 1 Eigelb
- ■ 1 Bl Zuckersirup

Die Zutaten mit 5–6 Eiswürfeln im Shaker schütteln und in ein Longdrinkglas mit 3 Eiswürfeln abseihen. Mit Orangenscheibe und Minzblättern dekorieren.

☺	KH	kcal	BE
5 cl Orangensaft	5,2	28,5	
8 cl Kirschfruchtsaft- getränk	9,6	44	
1 Eigelb	0,1	68	
1 Bl Zuckersirup	4	17,5	
Gesamt	18,9	158	1,6

Popeye*

- ■ Shaker
- ■ Longdrinkglas

- ■ 8 cl Kirschfruchtsaftgetränk
- ■ 8 cl Ananassaft
- ■ 1 cl Grenadinesirup
- ■ 1 cl Sahne (30 %)

Die Zutaten mit 5–6 Eiswürfeln im Shaker schütteln und in ein Longdrinkglas mit 3 Eiswürfeln abseihen. Mit Kirschen dekorieren.

☹	KH	kcal	BE
8 cl Kirschfruchtsaft- getränk	9,2	44	
8 cl Ananassaft	9,2	44,8	
1 cl Grenadinesirup	8,55	34,5	
1 cl Sahne	0,34	30,90	
Gesamt	26,95	154,2	2,3

Passionata*

- ■ Shaker
- ■ Longdrinkglas
  (mit grünem Zuckerrand)

- ■ 10 cl Orangensaft
- ■ 1 cl frischer Zitronensaft
- ■ 1 cl Mandelsirup
- ■ 2 cl Maracujasirup
- ■ 1 Eigelb

Die Zutaten mit 5–6 Eiswürfeln im Shaker schütteln und in ein Longdrinkglas mit 3 Eiswürfeln abseihen.

☹	KH	kcal	BE
10 cl Orangensaft	10,5	47	
1 cl Zitronensaft	0,25	3	
1 cl Mandelsirup	7,85	31,4	
2 cl Maracujasirup	16,7	66	
1 Eigelb	0,1	68	
Gesamt	35,4	215,4	3

Pistolero*

- ■ Shaker
- ■ Longdrinkglas
  (mit blauem Zuckerrand)

- ■ 15 cl Ananassaft
- ■ 2 cl Mandelsirup
- ■ 1 cl Sahne (30 %)
- ■ 1 Bl Blue Curaçao alkoholfrei

Die Zutaten mit 5–6 Eiswürfeln
im Shaker schütteln und in ein
Longdrinkglas mit 3 Eiswürfeln
abseihen.
Den Blue Curaçao alkoholfrei
vorsichtig über den fertigen
Drink geben und mit Kirsche
dekorieren.

☹	KH	kcal	BE
15 cl Ananassaft	18	84	
2 cl Mandelsirup	15,7	62,8	
1 cl Sahne	0,34	30,9	
1 Bl Blue Curaçao alkoholfrei	4,4	16,6	
Gesamt	38,44	194,3	3,2

Blue Banana*

- Shaker
- Longdrinkglas

- 15 cl Ananassaft
- 2 cl Bananensirup
- 1 cl Mandelsirup
- 1 cl Sahne (30 %)

Die Zutaten mit 5–6 Eiswürfeln im Shaker schütteln und in ein Longdrinkglas mit 3 Eiswürfeln abseihen. Mit Orangenspalte und Kirschen dekorieren.

☹	KH	kcal	BE
15 cl Ananassaft	18	84	
2 cl Bananensirup	16,5	16,5	
1 cl Mandelsirup	7,8	31	
1 cl Sahne	0,34	30,9	
Gesamt	42,3	162,4	3,5

Hot Pants

Darko Mihelcic (DBU)

- Shaker
- Longdrinkglas

- 4 cl Kirschfruchtsaftgetränk
- 4 cl Ananassaft
- 4 cl Bananenfruchtsaftgetränk
- 4 cl Guavennektar
- 2 cl Sahne (30 %)

Die Zutaten mit 5–6 Eiswürfeln im Shaker schütteln und in ein Longdrinkglas mit 3 Eiswürfeln abseihen. Mit Bananenscheibe dekorieren.

☹	KH	kcal	BE
4 cl Kirschfruchtsaftgetränk	4,8	22	
4 cl Ananassaft	4,8	22,4	
4 cl Bananenfruchtsaftgetränk	5	24	
4 cl Guavennektar	5	24	
2 cl Sahne	0,68	71,8	
Gesamt	20,28	164,2	1,7

Trucker

- Direkt im Glas
- Longdrinkglas

- 6 cl Apfelsaft
- 2 cl Grenadinesirup
- 2 cl Limettensaft
- 8 cl Gingerale

Die Zutaten mit 3 Eiswürfeln in einem Longdrinkglas verrühren und mit Gingerale auffüllen. Mit Apfelscheiben dekorieren.

☹	KH	kcal	BE
6 cl Apfelsaft	6,6	28,8	
2 cl Grenadinesirup	17,2	69	
2 cl Limettensaft	0,48	6	
8 cl Gingerale	6,8	28	
Gesamt	31,8	131,8	2,6

Strawberry Kiss*

- Shaker
- Longdrinkglas

- 6 cl Ananassaft
- 10 cl Orangensaft
- 1 cl Sahne (30 %)
- 2 cl Erdbeersirup

Die Zutaten mit 5–6 Eiswürfeln im Shaker schütteln und in ein Longdrink-glas mit 3 Eiswürfeln abseihen. Mit Limettenscheibe und Erdbeere dekorieren.

☹	KH	kcal	BE
6 cl Ananassaft	7,2	33,6	
10 cl Orangensaft	10,5	47	
1 cl Sahne	0,34	30,9	
2 cl Erbeersirup	16,7	67,2	
Gesamt	34,74	178,7	2,9

White Pear*

- Shaker
- Longdrinkglas

- 2 cl Mandelsirup
- 1 cl Sahne (30 %)
- 15 cl Birnenfruchtsaftgetränk

Die Zutaten mit 5–6 Eiswürfeln im Shaker schütteln und in ein Longdrinkglas mit 3 Eiswürfeln abseihen. Mit Birnenspalte dekorieren.

☹

	KH	kcal	BE
2 cl Mandelsirup	15,7	62,8	
1 cl Sahne	0,34	30,90	
15 cl Birnenfrucht- saftgetränk	18	75	
Gesamt	34,04	168,7	2,8

Sin Colada*

- Shaker
- Longdrinkglas

- 15 cl Ananassaft
- 3 cl Coconut cream
- 1 cl Sahne (30 %)

Die Zutaten mit 5–6 Eiswürfeln im Shaker schütteln und in ein Longdrinkglas mit 3 Eiswürfeln abseihen. Mit Ananasstück und Kirsche dekorieren.

☹

	KH	kcal	BE
15 cl Ananassaft	18	84	
3 cl Coconut cream	14,7	196,5	
1 cl Sahne	0,34	30,9	
Gesamt	33,04	311,4	2,8

Kiba*

- Shaker
- Longdrinkglas

- 8 cl Kirschfruchtsaftgetränk
- 8 cl Bananenfruchtsaftgetränk
- 1 cl Grenadinesirup
- 1 cl Sahne (30 %)

Die Zutaten mit 5–6 Eiswürfeln im Shaker schütteln und in ein Longdrinkglas mit 3 Eiswürfeln abseihen. Mit Kirschen und Bananenscheiben dekorieren.

☹

	KH	kcal	BE
8 cl Kirschfrucht- saftgetränk	9,6	44	
8 cl Bananenfrucht- saftgetränk	10	48	
1 cl Grenadinesirup	8,55	34,5	
1 cl Sahne	0,34	30,90	
Gesamt	28,15	157,4	2,4

Coco Bana*

- Shaker
- Longdrinkglas

- 15 cl Ananassaft
- 2 cl Bananensirup
- 2 cl Coconut cream
- 1 cl Sahne (30 %)

Die Zutaten mit 5–6 Eiswürfeln im Shaker schütteln und in ein Longdrinkglas mit 3 Eiswürfeln abseihen. Mit Bananenscheibe und Kirsche dekorieren.

☹	KH	kcal	BE
15 cl Ananassaft	18	84	
2 cl Bananensirup	16,75	66	
2 cl Coconut cream	9,8	131	
1 cl Sahne	0,34	30,9	
Gesamt	44,89	311,9	3,7

Strawberryflower*

- ■ Elektrischer Mixer
- ■ Longdrinkglas

- ■ 6 Erdbeeren
- ■ 1 cl Erdbeersirup
- ■ 2 cl Sahne (30 %)
- ■ 8 cl Bananenfruchtsaftgetränk

Die Zutaten im elektrischen Mixer mit 3 Eiswürfeln zerkleinern und in ein Longdrinkglas abseihen. Mit Erdbeere dekorieren.

☹	KH	kcal	BE
6 Erdbeeren	2	10	
1 cl Erdbeersirup	8,35	33,6	
2 cl Sahne	0,68	61,8	
8 cl Bananenfruchtsaftgetränk	12	48	
Gesamt	23,03	153,4	1,9

Mac Blender*

(für Hans I.)

- ■ Elektrischer Mixer
- ■ Longdrinkglas

- ■ 1 Pfirsich
- ■ 5 cl Maracujanektar
- ■ 2 cl Sahne (30 %)
- ■ 8 cl Gingerale

Die Zutaten außer dem Gingerale im elektrischen Mixer mit 3 Eiswürfeln zerkleinern und in ein Longdrinkglas füllen. Mit Gingerale auffüllen.

☹	KH	kcal	BE
1 Pfirsich (100 g)	12	50	
5 cl Maracujanektar	7,5	30	
2 cl Sahne	0,68	61,8	
8 cl Gingerale	6,8	28	
Gesamt	26,98	169,8	2,3

Töff Töff

Freddy Neubauer (DBU) †

- ■ Elektrischer Mixer
- ■ Longdrinkglas

- ■ 2 cl Grenadinesirup
- ■ 2 cl Sahne (30 %)
- ■ 1 Ei
- ■ 16 cl Ananassaft

Die Zutaten im elektrischen Mixer mit 3 Eiswürfeln zerkleinern und in ein Longdrinkglas füllen. Mit Zitronenspalte und Kirsche dekorieren.

☹	KH	kcal	BE
2 cl Grenadinesirup	16,7	69	
2 cl Sahne	0,68	61,8	
1 Ei	0,2	70	
16 cl Ananassaft	18,4	80	
Gesamt	35,98	280,8	3

Cinnamoon*

- Shaker
- Longdrinkglas

- 15 cl Ananassaft
- 2 cl Mandelsirup
- 1 cl Sahne (30 %)
- Zimt zum Bestreuen

Die Zutaten außer dem Zimt mit 5–6 Eiswürfeln im Shaker schütteln und in ein Longdrinkglas mit 3 Eiswürfeln abseihen.
Etwas Zimt über den fertigen Drink geben und mit Kirschspießchen dekorieren.

☹	KH	kcal	BE
15 cl Ananassaft	18	84	
2 cl Mandelsirup	15,7	62,8	
1 cl Sahne	0,34	30,9	
Gesamt	34,04	177,7	2,8

Cinderella*

- Shaker
- Longdrinkglas

- 2 cl Mandelsirup
- 2 cl Coconut cream
- 1 Bl Blue Curaçao alkoholfrei
- 1 cl Sahne (30 %)
- 10 cl Ananassaft
- 1 ds frischer Zitronensaft

Die Zutaten mit 5–6 Eiswürfeln im Shaker schütteln und in ein Longdrink-glas mit 3 Eiswürfeln abseihen.
Mit Mangospalte, Kirsche, Minzblatt und Physalis (Kapstachelbeere) dekorieren.

☹	KH	kcal	BE
2 cl Mandelsirup	15,7	62,8	
2 cl Coconut cream	9,7	131	
1 Bl Blue Curaçao alkoholfrei	4,4	16,6	
1 cl Sahne	0,34	30,90	
10 cl Ananassaft	12	47	
1 cl Zitronensaft	0,24	3	
Gesamt	42,04	291,3	3,5

Ariell*

- Shaker
- Longdrinkglas

- 2 cl Mandelsirup
- 1 cl Sahne (30 %)
- 15 cl Maracujanektar

Die Zutaten mit 5–6 Eiswürfeln
im Shaker schütteln und in ein
Longdrinkglas mit 3 Eiswürfeln
abseihen.
Mit Melonenspalte und
Minzblättern dekorieren.

☹	KH	kcal	BE
2 cl Mandelsirup	15,7	62,8	
1 cl Sahne	0,34	30,9	
15 cl Maracujanektar	22,5	90	
Gesamt	38,2	183,7	3,2

Chihuahua*

- ■ Shaker
- ■ Longdrinkglas

- ■ 14 cl Ananassaft
- ■ 1 cl Sahne (30 %)
- ■ 1 cl Coconut cream
- ■ 1 cl Himbeersirup

Die Zutaten mit 5–6 Eiswürfeln im
Shaker schütteln und in ein Longdrink-
glas mit 3 Eiswürfeln abseihen.
Mit Himbeerspieß dekorieren.

☹	KH	kcal	BE
14 cl Ananassaft	16,8	78,4	
1 cl Sahne	0,34	30,90	
1 cl Coconut cream	9,7	131	
1 cl Himbeersirup	8,36	33,6	
Gesamt	34,86	273,9	2,9

Sir Elder*

- Shaker
- Longdrinkglas

- 2 cl Holundersirup
- 1 cl Maracujasirup
- 12 cl Ananassaft
- 1 cl Sahne (30 %)

Die Zutaten mit 5–6 Eiswürfeln im
Shaker schütteln und in ein Longdrink-
glas mit 3 Eiswürfeln abseihen.
Mit Ananas und Kirschen dekorieren.

☹	KH	kcal	BE
2 cl Holundersirup	15,4	64	
1 cl Maracujasirup	8,35	33,7	
12 cl Ananassaft	14,4	67,2	
1 cl Sahne	0,34	30,90	
Gesamt	38,15	195,8	3,2

Jogurtdrinks

Jogurtdrinks bieten in vielen Fällen eine interessante Erweiterung zum bestehenden Cocktailangebot. Sie ermöglichen Ihnen eine Fülle von Alternativen, durch welche Sie die geschmacksgebenden Sirupe und Säfte austauschen können. Ist im Rezept beispielsweise Ananassaft angegeben, so können Sie es jederzeit auch mit Orangensaft oder Maracujanektar versuchen. Ebenso lassen sich die verschiedenen Sirupe auch durch frisches Obst ersetzen. Wie immer gilt auch hier der Grundsatz: „Immer selbst probieren, bevor sie die Neukreation Ihren Gästen anbieten."

Noch ein ganz persönlicher Tipp von mir: Jogurtdrinks ersetzen mir im Sommer, besonders an heißen Tagen, das Frühstück, da Sie einen hohen Nährwert haben und sehr erfrischend sind.

Majo*

- ■ Shaker
- ■ Longdrinkglas

- ■ 2 El Jogurt (3,5 %)
- ■ 15 cl Maracujanektar
- ■ 1 cl Blue Curaçao alkoholfrei

Die Zutaten mit 5–6 Eiswürfeln im Shaker schütteln und in ein Longdrinkglas mit 3 Eiswürfeln abseihen. Mit kleinem Fruchtspieß dekorieren.

☹	KH	kcal	BE
2 El Jogurt 3,5 %	1,6	24,4	
15 cl Maracujanektar	18	75	
1 cl Blue Curaço alkoholfrei	8,3	33,2	
Gesamt	27,9	132,6	2,3

Rondello*

- Shaker
- Longdrinkglas

- 2 El Jogurt (3,5 %)
- 2 cl Mandelsirup
- 1 cl Grenadinesirup
- 15 cl Ananassaft

Die Zutaten mit 5–6 Eiswürfeln im Shaker
schütteln und in ein Longdrinkglas mit
3 Eiswürfeln abseihen.
Mit kleinem Fruchtspieß dekorieren.

☹	KH	kcal	BE
2 El Jogurt 3,5 %	1,6	24,4	
2 cl Mandelsirup	15,7	63	
2 cl Grenadinesirup	17,1	69	
15 cl Ananassaft	18	84	
Gesamt	52,4	240,4	4,4

Joko*

- Shaker
- Longdrinkglas

- 2 El Jogurt (3,5 %)
- 3 cl Coconut cream
- 15 cl Ananassaft

Die Zutaten mit 5–6 Eiswürfeln im Shaker schütteln und in ein Longdrinkglas mit 3 Eiswürfeln abseihen. Mit kleinem Fruchtspieß dekorieren.

☹	KH	kcal	BE
2 El Jogurt 3,5 %	1,6	24,4	
3 cl Coconut cream	14,7	186	
15 cl Ananassaft	18	84	
Gesamt	34,3	294,4	2,8

Red Bolero*

- Shaker
- Longdrinkglas

- 2 cl Erdbeersirup
- 2 El Jogurt (3,5 %)
- 15 cl Ananassaft

Die Zutaten mit 5–6 Eiswürfeln im Shaker schütteln und in ein Longdrinkglas mit 3 Eiswürfeln abseihen. Mit kleinem Fruchtspieß dekorieren.

☹	KH	kcal	BE
2 cl Erdbeersirup	16,4	67	
2 El Jogurt 3,5%	1,6	24,4	
15 cl Ananassaft	18	84	
Gesamt	36	175,4	3

Banjo*

- Shaker
- Longdrinkglas

- 3 cl Bananensirup
- 2 El Jogurt (3,5 %)
- 15 cl Ananassaft

Die Zutaten mit 5–6 Eiswürfeln im Shaker schütteln und in ein Longdrinkglas mit 3 Eiswürfeln abseihen. Mit kleinem Fruchtspieß dekorieren.

☹	KH	kcal	BE
3 cl Bananensirup	24,9	102	
2 El Jogurt 3,5%	1,6	24,4	
15 cl Ananassaft	18	84	
Gesamt	44,5	210,4	3,7

Summerdream*

- ■ Elektrischer Mixer
- ■ Longdrinkglas

- ■ 1 entkernter Pfirsich
- ■ 2 El Jogurt (3,5 %)
- ■ 15 cl Pfirsichnektar

Die Zutaten mit 3 Eis-
würfeln im elektrischen
Mixer zerkleinern und in
ein Longdrinkglas füllen.
Mit kleinem Fruchtspieß
dekorieren.

☹

	KH	kcal	BE
1 Pfirsich	9,4	36	
2 El Jogurt 3,5 %	1,6	24,4	
15 cl Pfirsichnektar	18	75	
Gesamt	29	135,4	2,4

Donatello*

- ■ Shaker
- ■ Longdrinkglas

- ■ 2 El Jogurt (3,5 %)
- ■ 4 cl Holundersirup
- ■ 15 cl Ananassaft

Die Zutaten mit 5–6 Eis-
würfeln im Shaker schütteln
und in ein Longdrinkglas mit
3 Eiswürfeln abseihen.
Mit kleinem Fruchtspieß
dekorieren.

☹

	KH	kcal	BE
2 El Jogurt 3,5 %	1,6	24,4	
4 cl Holundersirup	30,8	127	
15 cl Ananassaft	18	84	
Gesamt	50,4	235,4	4,2

Cherry Joker*

- ■ Shaker
- ■ Longdrinkglas

- ■ 15 cl Kirschfruchtsaftgetränk
- ■ 2 El Jogurt (3,5 %)
- ■ 1 cl Grenadinesirup

Die Zutaten mit 5–6 Eiswürfeln im Shaker schütteln und in ein Longdrinkglas mit 3 Eiswürfeln abseihen. Mit Kirschen dekorieren.

☹	KH	kcal	BE
15 cl Kirschfruchtsaftgetränk	18	82,5	
2 El Jogurt 3,5 %	1,6	24,4	
1 cl Grenadinesirup	8,6	34,5	
Gesamt	28,2	141,4	2,3

Bijo*

- ■ Shaker
- ■ Longdrinkglas

- ■ 2 El Jogurt (3,5 %)
- ■ 15 cl Birnenfruchtsaftgetränk

Die Zutaten mit 5–6 Eiswürfeln im Shaker schütteln und in ein Longdrinkglas mit 3 Eiswürfeln abseihen. Mit Babybirne dekorieren.

😐	KH	kcal	BE
2 El Jogurt 3,5 %	1,6	24,4	
15 cl Birnenfruchtsaftgetränk	16,5	142	
Gesamt	18,1	166,4	1,5

Vanessa

Rüdiger Schmid (DBU)

- ■ Shaker
- ■ Longdrinkglas

- ■ 2 El Jogurt (3,5 %)
- ■ 1 cl Sahne (30 %)
- ■ 2 cl Erdbeersirup
- ■ 1 cl frischer Zitronensaft
- ■ 4 cl Maracujanektar

Die Zutaten mit 5–6 Eiswürfeln im Shaker schütteln und in ein Longdrinkglas mit 3 Eiswürfeln abseihen. Mit kleinem Fruchtspieß dekorieren.

☹	KH	kcal	BE
2 El Jogurt 3,5 %	1,6	24,4	
1 cl Sahne	0,34	30,9	
2 cl Erdbeersirup	16,4	67	
1 cl Zitronensaft	0,24	3	
4 cl Maracujanektar	5	22	
Gesamt	23,58	147,3	2

Big Apple*

- Elektrischer Mixer
- Longdrinkglas

- 1 Apfel (ohne Kerngehäuse und Schale)
- 2 El Jogurt (3,5 %)
- 10 cl Ananassaft
- 1 Prise Zimt

Die Zutaten mit 3 Eiswürfeln im elektrischen Mixer zerkleinern und in ein Longdrinkglas füllen. Den fertigen Drink mit Zimt überstreuen und mit Apfelscheiben dekorieren.

	KH	kcal	BE
1 Apfel	12,4	52	
2 El Jogurt 3,5 %	1,6	24,4	
10 cl Ananassaft	23	100	
Gesamt	37	176,4	3,1

Beetle*

- Shaker
- Longdrinkglas

- 2 cl Mandelsirup
- 1 Bl Blue Curaçao alkoholfrei
- 2 El Jogurt (3,5 %)
- 10 cl Ananassaft

Die Zutaten mit 5–6 Eiswürfeln im Shaker schütteln und in ein Longdrinkglas mit 3 Eiswürfeln abseihen.
Mit frischen Früchten dekorieren.

☹	KH	kcal	BE
2 cl Mandelsirup	15,7	62,8	
1 Bl Blue Curacao	4,1	16,5	
2 El Jogurt 3,5 %	1,6	24,4	
10 cl Ananassaft	12	50	
Gesamt	33,4	153,7	2,8

Birnenmix

- Elektrischer Mixer
- Longdrinkglas

- 1 Birne (ohne Kerngehäuse und Schale)
- 1 cl Zuckersirup
- 2 El Jogurt (3,5 %)
- 10 cl Ananassaft

Die Zutaten mit 3 Eiswürfeln im elektrischen Mixer zerkleinern und in ein Longdrinkglas füllen.

☹	KH	kcal	BE
1 Birne	12,7	46	
1 cl Zuckersirup	8	35	
2 El Jogurt (3,5 %)	1,6	24,4	
10 cl Ananassaft	12	50	
Gesamt	34,3	155,4	2,8

Pussy Cat*

- Shaker
- Longdrinkglas

- 3 cl Preiselbeersirup
- 2 El Jogurt (3,5 %)
- 15 cl Ananassaft

Die Zutaten mit 5–6 Eiswürfeln im Shaker schütteln und in ein Longdrinkglas mit 3 Eiswürfeln abseihen.
Mit kleinem Fruchtspieß dekorieren.

☹	KH	kcal	BE
3 cl Preiselbeersirup	24	97,5	
2 El Jogurt 3,5 %	1,6	24,4	
15 cl Ananassaft	18	84	
Gesamt	43,6	205,9	3,6

Pear Turtle*

- Shaker
- Longdrinkglas

- 2 El Jogurt (3,5 %)
- 1 cl Mandelsirup
- 15 cl Birnenfruchtsaftgetränk

Die Zutaten mit 5–6 Eiswürfeln im Shaker schütteln und in ein Longdrinkglas mit 3 Eiswürfeln abseihen. Mit Ananasstück und Kirsche dekorieren.

☹	KH	kcal	BE
2 El Jogurt 3,5 %	1,6	24,4	
1 cl Mandelsirup	7,8	31	
15 cl Birnenfrucht-saftgetränk	16,5	72	
Gesamt	25,9	127,4	2,2

Milchmixgetränke

Üblicherweise erhalten Sie, wenn Sie einen Milchshake bestellen, Speiseeis mit Milch gemischt.
Sie haben sicherlich frisches Obst oder auch Sirupe zu Hause, mit denen Sie diese Drinks geschmacklich beliebig variieren können. Zumindestens Milch findet sich in jedem Haushalt und mit etwas Phantasie und den folgenden Rezeptbeispielen bietet sich Ihnen eine schier unerschöpfliche Geschmacksvielfalt.

Aladin

Jose Garcia Hernandez (DBU)

- ■ Elektrischer Mixer
- ■ Longdrinkglas

- ■ 4 cl Grapefruitsaft
- ■ 4 Erdbeeren
- ■ ½ Banane
- ■ 8 cl Milch (3,5 %)

Die Zutaten mit 3 Eiswürfeln im elektrischen Mixer zerkleinern und in ein Longdrinkglas füllen.
Mit Ananasscheibe und Kirsche dekorieren.

☹	KH	kcal	BE
4 cl Grapefruitsaft	9,2	38	
4 Erdbeeren	1,26	6,6	
½ Banane (50 g)	10,7	40,5	
8 cl Milch 3,5 %	3,84	51,2	
Gesamt	25	136,3	2,1

Sandy

- ■ Shaker
- ■ Longdrinkglas

- ■ 12 cl Milch (3,5 %)
- ■ 2 cl Sanddornsirup
- ■ 1 Bl Zuckersirup

Die Zutaten mit 5–6 Eiswürfeln im Shaker schütteln und in ein Longdrinkglas mit 3 Eiswürfeln abseihen.

☹	KH	kcal	BE
12 cl Milch	5,76	76,8	
2 cl Sanddornsirup	10	72	
1 Bl Zuckersirup	4	17,5	
Gesamt	19,76	166,3	1,64

Raffaelo*

(Für Christopher)

- ■ Shaker
- ■ Longdrinkglas

- ■ 2 cl Mandelsirup
- ■ 2 cl Coconut cream
- ■ 2 Bl Vanillezucker
- ■ 8 cl Milch (3,5 %)

Die Zutaten mit 5–6 Eiswürfeln im
Shaker schütteln und in ein Longdrink-
glas mit 3 Eiswürfeln abseihen.
Mit Kokosraspeln, Ananasstück und
Kirschen dekorieren.

☹	KH	kcal	BE
2 cl Mandelsirup	15,7	62,8	
2 cl Coconut cream	9,8	131	
2 Bl Vanillezucker	0,3	10	
8 cl Milch 3,5 %	3,84	51,2	
Gesamt	29,64	255	2,5

Preiselbeermilch-shake

- ■ Shaker
- ■ Longdrinkglas

- ■ 3 cl Preiselbeersirup
- ■ 12 cl Milch (3,5 %)

Die Zutaten mit 5–6 Eiswürfeln im Shaker schütteln und in ein Longdrinkglas mit 3 Eiswürfeln abseihen.

☹

	KH	kcal	BE
3 cl Preiselbeersirup	24	97,5	
12 cl Milch 3,5 %	5,76	76,8	
Gesamt	29,76	174,3	2,5

Erdbeermilch-shake

- ■ Shaker
- ■ Longdrinkglas

- ■ 3 cl Erdbeersirup
- ■ 12 cl Milch (3,5 %)

Die Zutaten mit 5–6 Eiswürfeln im Shaker schütteln und in ein Longdrink-glas mit 3 Eiswürfeln abseihen.

☹

	KH	kcal	BE
3 cl Erbeersirup	25,05	100	
12 cl Milch 3,5 %	5,76	76,8	
Gesamt	30,81	176,8	2,6

Bananenmilch-shake

- ■ Shaker
- ■ Longdrinkglas

- ■ 3 cl Bananensirup
- ■ 12 cl Milch (3,5 %)

Die Zutaten mit 5–6 Eiswürfeln im Shaker schütteln und in ein Long-drinkglas mit 3 Eiswürfeln abseihen.

☹

	KH	kcal	BE
3 cl Bananensirup	24,75	99	
12 cl Milch 3,5 %	5,76	76,8	
Gesamt	30,51	175,8	2,5

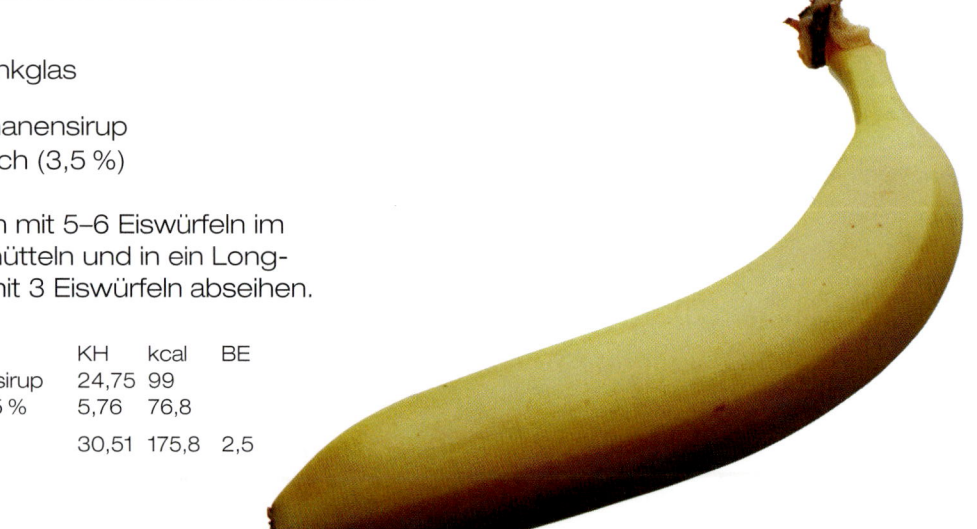

Maracujamilchshake

- Shaker
- Longdrinkglas

- 3 cl Maracujasirup
- 12 cl Milch (3,5 %)

Die Zutaten mit 5–6 Eiswürfeln im Shaker schütteln und in ein Longdrinkglas mit 3 Eiswürfeln abseihen.

☹	KH	kcal	BE
3 cl Maracujasirup	25,5	110	
12 cl Milch 3,5 %	5,76	76,8	
Gesamt	31,26	186,8	2,6

Mandelmilchshake

- Shaker
- Longdrinkglas

- 3 cl Mandelsirup
- 12 cl Milch (3,5 %)

Die Zutaten mit 5–6 Eiswürfeln im Shaker schütteln und in ein Longdrinkglas mit 3 Eiswürfeln abseihen.

☹	KH	kcal	BE
3 cl Mandelsirup	23,55	94,2	
12 cl Milch 3,5 %	5,76	76,8	
Gesamt	29,31	171	2,5

Schokomilchshake

- Shaker
- Longdrinkglas

- 3 Bl Kakaopulver
- 12 cl Milch (3,5 %)

Die Zutaten mit 5–6 Eiswürfeln im Shaker schütteln und in ein Longdrinkglas mit 3 Eiswürfeln abseihen.

☺	KH	kcal	BE
15 g Kakaopulver	2,55	40,8	
12 cl Milch 3,5 %	5,76	76,8	
Gesamt	8,31	117,6	0,7

Raspberrymilk*

- Elektrischer Mixer
- Longdrinkglas

- 2 El Himbeeren
- 1 cl Zuckersirup
- 12 cl Milch (3,5 %)

Die Zutaten mit 3 Eiswürfeln im elektrischen Mixer zerkleinern und in ein Longdrinkglas füllen.

:|	KH	kcal	BE
2 El Himbeeren	2,7	9,6	
1 cl Zuckersirup	8	35	
12 cl Milch 3,5 %	5,76	76,8	
Gesamt	16,46	121,4	1,4

Kaptain Blaubär*

- Elektrischer Mixer
- Longdrinkglas

- 2 El Heidelbeeren
- 1 Bl Grenadinesirup
- 12 cl Milch (3,5 %)

Die Zutaten mit 3 Eiswürfeln im elektrischen Mixer zerkleinern und in ein Longdrinkglas füllen.

:)	KH	kcal	BE
2 El Himbeeren	2,7	9,6	
1 Bl Grenadinesirup	4,3	17,3	
12 cl Milch 3,5 %	5,76	76,8	
Gesamt	12,81	103,7	1,1

Grashüpfer

- Elektrischer Mixer
- Longdrinkglas

- 2 cl Minzsirup
- 1 Kugel Vanilleeis
- 12 cl Milch (3,5 %)

Die Zutaten mit 3 Eiswürfeln im elektrischen Mixer zerkleinern und in ein Longdrinkglas füllen.

:(	KH	kcal	BE
2 cl Minzsirup	16	66	
1 Kugel Vanilleeis	9,98	84,75	
12 cl Milch 3,5 %	5,76	76,8	
Gesamt	31,74	227,55	2,6

Pinà Choco*

- Shaker
- Longdrinkglas

- 8 cl Ananassaft
- 3 Bl Kakaopulver
- 8 cl Milch (3,5 %)

Dic Zutaten mit 5–6 Eiswürfeln im Shaker schütteln und in ein Longdrinkglas mit 3 Eiswürfeln abseihen.

☺

	KH	kcal	BE
8 cl Ananassaft	9,6	44,8	
15 g Kakaopulver	2,25	40,8	
8 cl Milch 3,5 %	3,84	51,2	
Gesamt	15,65	136,8	1,5

Mintiway*

- Shaker
- Longdrinkglas

- 2 cl Minzsirup
- 1 cl Mandelsirup
- 12 cl Milch (3,5 %)

Die Zutaten mit 5–6 Eiswürfeln im Shaker schütteln und in ein Longdrinkglas mit 3 Eiswürfeln abseihen.

☹

	KH	kcal	BE
2 cl Minzsirup	16	66	
1 cl Mandelsirup	7,85	31,4	
12 cl Milch 3,5 %	5,76	76,8	
Gesamt	29,61	174,2	2,5

Cherry Milk*

- Elektrischer Mixer
- Longdrinkglas

- 2 El entkernte Kirschen
- 1 cl Kirschsirup
- 8 cl Milch (3,5 %)

Die Zutaten mit 3 Eiswürfeln im elektrischen Mixer zerkleinern und in ein Longdrinkglas füllen.

☺

	KH	kcal	BE
2 El Kirschen	4,26	17,7	
1 cl Kirschsirup	8,35	33,7	
8 cl Milch 3,5 %	3,84	51,2	
Gesamt	16,45	102,6	1,4

Bounty*

- ■ Shaker
- ■ Longdrinkglas

- ■ 3 cl Coconut cream
- ■ 12 cl Milch (3,5 %)

Die Zutaten mit 5–6 Eiswürfeln
im Shaker schütteln und in ein
Longdrinkglas mit 3 Eiswürfeln
abseihen.
Mit Schokoladenraspeln bestreuen.

☹	KH	kcal	BE
3 cl Coconut cream	15,7	186	
12 cl Milch 3,5 %	5,76	76,8	
Gesamt	21,4	263	1,7

Bikinimilk

- ■ Shaker
- ■ Longdrinkglas

- ■ 2 cl Coconut cream
- ■ 1 cl Bananensirup
- ■ 1 cl Grenadinesirup
- ■ 12 cl Milch (3,5 %)

Die Zutaten mit 5–6 Eiswürfeln
im Shaker schütteln und in ein
Longdrinkglas mit 3 Eiswürfeln
abseihen.

☹	KH	kcal	BE
2 cl Coconut cream	9,8	131	
1 cl Bananensirup	8,25	33	
1 cl Grenadinesirup	8,55	34,5	
12 cl Milch 3,5 %	5,76	76,8	
Gesamt	32,36	275,3	2,7

Grenadine-
milchshake

- ■ Shaker
- ■ Longdrinkglas

- ■ 3 cl Grenadinesirup
- ■ 12 cl Milch (3,5 %)

Die Zutaten mit 5–6 Eiswürfeln
im Shaker schütteln und in ein
Longdrinkglas mit 3 Eiswürfeln
abseihen.

☹	KH	kcal	BE
3 cl Grenadinesirup	25,65	103,5	
12 cl Milch 3,5 %	5,76	76,8	
Gesamt	31,41	180,3	2,6

Mangomilchshake

- Shaker
- Longdrinkglas

- 3 cl Mangosirup
- 12 cl Milch (3,5 %)

Die Zutaten mit 5–6 Eiswürfeln im Shaker schütteln und in ein Longdrinkglas mit 3 Eiswürfeln abseihen.

☹

	KH	kcal	BE
3 cl Mangosirup	24	96,6	
12 cl Milch 3,5 %	5,76	76,8	
Gesamt	29,76	173,4	2,5

Rosita*

- Shaker
- Longdrinkglas

- 1 cl Mangosirup
- 1 Bl Grenadinesirup
- 12 cl Milch (3,5 %)

Die Zutaten mit 5–6 Eiswürfeln im Shaker schütteln und in ein Longdrinkglas mit 3 Eiswürfeln abseihen.
Mit Mangospalte dekorieren.

☺

	KH	kcal	BE
1 cl Mangosirup	8	32,2	
1 Bl Grenadinesirup	4	17	
12 cl Milch 3,5 %	5,76	76,8	
Gesamt	17,76	126	1,5

Bermuda

- Elektrischer Mixer
- Longdrinkglas

- ¹/₄ Banane
- 1 Eigelb
- 1 cl Sanddornsirup
- 10 cl Milch (3,5 %)
- Muskatnuss zum Bestreuen

Die Zutaten mit 3 Eiswürfeln im elektrischen Mixer zerkleinern und in ein Longdrinkglas füllen.
Etwas geriebene Muskatnuss über den fertigen Drink geben.

☺

	KH	kcal	BE
¹/₄ Banane (25 g)	5,35	20,5	
1 Eigelb	0,1	68	
1 cl Sanddornsirup	5	36	
10 cl Milch 3,5 %	4,8	64	
Gesamt	15,25	188,5	1,3

Sektcocktails

Bisher war man immer gezwungen, bei der Herstellung von alkoholfreien Drinks auf Sektcocktails zu verzichten. Der Grund liegt auf der Hand, es gab einfach keine alkoholfreie Alternative zu Sekt.

Dank den Bemühungen der Sektkellerei Schloss Wachenheim und deren Produkt „Faber Light Line", gehört dieser Zustand der Vergangenheit an. Bei Faber Light Line handelt es sich um Wein, dem in einem sehr aufwendigen und schonenden physikalischen Verfahren der Alkohol entzogen wird.

Vor der Abfüllung versetzt man das Produkt dann mit Kohlensäure.

Alle sich nun bietenden Möglichkeiten in Rezeptform hier aufzuführen, würde den Rahmen dieses Buches sprengen. Ich habe Ihnen deshalb Basisrezepturen nach leicht nachvollziehbarem Schema zusammengestellt, die es Ihnen ermöglichen, alkoholfreie Sektcocktails mit den Grundprodukten herzustellen, die Ihrem persönlichen Geschmack entsprechen.

Sektcocktails

auf Sirupbasis

- Direkt im Glas
- Sektglas

- 2 cl Fruchtsirup
- 1 cl frischer Zitronensaft
- Faber Light Line alkoholfreier Sekt

Die Zutaten mit 5–6 Eiswürfeln im Shaker schütteln und in ein Sektglas abseihen.
Dann mit eiskaltem Faber Light Line auffüllen.

	KH	kcal	BE
2 cl Fruchtsirup	16	60,4	
1 cl Zitronensaft	0,24	3	
7 cl Faber Light Line	30,1	134	
Gesamt	46,34	197,4	3,9

Sektcocktails
auf Saftbasis

- Direkt im Glas
- Sektglas

- 5 cl kalter Fruchtsaft
- Faber Light Line alkoholfreier Sekt

Den Fruchtsaft im Sektglas mit eiskaltem Faber Light Line auffüllen.

☹	KH	kcal	BE
5 cl Fruchtsaft	6	25	
5 cl Faber Light Line	21,5	90	
Gesamt	27,5	115	2,3

Sektcocktails
auf Fruchtmarkbasis

- Direkt im Glas
- Sektglas

- 3 cl frisch püriertes Fruchtmark
- 1 Bl Zuckersirup
- 1 Bl frischer Zitronensaft
- Faber Light Line alkoholfreier Sekt

Die Zutaten in ein Sektglas geben und mit eiskaltem Faber Light Line auffüllen.

☹	KH	kcal	BE
3 cl püriertes Fruchtmark	5,7	23,7	
1 Bl Zuckersirup	4	16	
1 Bl Zitronensaft	0,12	1,5	
6 cl Faber Light Line	25,8	103,2	
Gesamt	35,62	144,4	3

Sektcocktails
auf Fruchtcocktailbasis

- Shaker
- Sektglas

- 2 cl Fruchtsirup
- 1 cl frischer Zitronensaft
- 3 cl Fruchtsaft
- Faber Light Line alkoholfreier Sekt

Die Zutaten mit 5–6 Eiswürfeln im Shaker
schütteln und in ein Sektglas abseihen.
Mit eiskaltem Faber Light Line auffüllen.

	KH	kcal	BE
2 cl Fruchtsirup	16	60,4	
1 cl Zitronensaft	0,24	3	
3 cl Fruchtsaft	4	15	
4 cl Faber Light Line	17,2	68,8	
Gesamt	37,44	147,2	3,1

Bowlen

Bei der Herstellung einer Bowle sollten Sie folgende Grundregeln einhalten:

1. Das Getränk für den Ansatz darf Zimmertemperatur haben, alle zuzugießenden Getränke (alkoholfreier Sekt, Mineralwasser etc. zum Auffüllen) müssen eiskalt sein.
2. Um das spezifische Aroma zu erhalten, sollten nicht zu viele verschiedene Zutaten verwendet werden.
3. Bei der Herstellung von herkömmlichen Bowlen, löst der Alkohol die Aromen aus Früchten. Diesen Effekt erzielen Sie bei Verzicht auf Alkohol mit Zitronensäure (Saft oder Schale).
4. Kühlen Sie Ihre Bowle stets von außen – stellen Sie sie in einen Behälter mit Eis, geben Sie das Eis aber keinesfalls in die Bowle. Sie verwässert sonst.
5. Decken Sie Ihre Bowle ab, damit das Aroma erhalten bleibt.
6. Rühren Sie nicht mehr all zu sehr, nachdem Sie die Bowle mit kohlensäurehaltigen Getränken aufgegossen haben.
7. „Verlängern" Sie Ihre Bowle nie, wenn Sie bemerken, dass sie nicht reicht.
8. Bowlen werden oft mit kohlensäurehaltigen Getränken aufgefüllt. Dies sollte glasweise geschehen, damit die Bowle auch nach längerem Stehen noch spritzig ist.

Sensagria*

- 10 geschälte und gewürfelte Orangenscheiben
- 10 geschälte und gewürfelte Zitronenscheiben
- 2 gewürfelte Pfirsiche
- 0,2 l Traubensaft
- 2 Flaschen Faber Light Line alkoholfreier Sekt

Die Zutaten (Obst und Traubensaft) mit einer Flasche alkoholfreiem Sekt drei Stunden im Kühlschrank ansetzen. Beim Servieren glasweise mit eiskaltem alkoholfreien Sekt auffüllen.

☺ pro Portion (ergibt ca. 10 Portionen à 200 ml)

	KH	kcal	BE
10 Orangenscheiben (ca. 200 g)	19	88	
10 Zitronenscheiben (ca. 100 g)	8	40	
2 Pfirsiche (200 g)	18,8	80	
Traubensaft 0,2 l	33	140	
2 Flaschen Faber Light (1,5 l)	64,5	258	
Gesamt	143,3	606	12

Orangenbowle

- 500 g Orangen in Würfeln (die Schalen mit in den Ansatz geben und vor dem Servieren entfernen!)
- 0,75 l Orangensaft
- 10 cl Grenadinesirup
- 5 cl frischer Zitronensaft
- 0,75 l Faber Light Line alkoholfreier Sekt

Die Zutaten außer dem Sekt oder Mineralwasser in ein Bowlengefäß geben und ca. zwei Stunden im Kühlschrank ziehen lassen. Beim Servieren glasweise mit eiskaltem alkoholfreien Sekt auffüllen.

Tipp

Die Orangenbowle schmeckt auch herrlich, wenn Sie statt des alkoholfreien Sekts Mineralwasser mit Kohlensäure nehmen.

☹ pro Portion (ergibt ca. 10 Portionen à 200 ml)

	KH	kcal	BE
500 g Orangen	47,5	220	
750 ml Orangensaft	82,5	367	
10 cl Grenadinesirup	83,4	345	
5 cl Zitronensaft	1,2	15	
750 ml Faber Light Line	32,25	129	
Gesamt	246,85	1076	20,6

Himbeerbowle

- 500 g Himbeeren
- 10 cl Himbeersirup
- 5 cl frischer Zitronensaft
- 0,75 l Faber Light Line alkoholfreier Sekt

Die Zutaten außer dem Sekt in ein Bowlengefäß geben und ca. zwei Stunden im Kühlschrank ziehen lassen. Beim Servieren glasweise mit eiskaltem alkoholfreien Sekt auffüllen.

☹ pro Portion (ergibt ca. 6 Portionen à 200 ml)

	KH	kcal	BE
500 g Himbeeren	35	156	
10 cl Himbeersirup	83	334	
5 cl Zitronensaft	1,2	15	
750 ml Faber Light Line	32,25	129	
Gesamt	151,45	634	12,6

Melonenbowle

- 500 g Honigmelone in Stückchen
- 0,75 l Apfelsaft
- 4 cl frischer Zitronensaft
- 0,75 l Faber Light Line alkoholfreier Sekt

Die Zutaten außer dem Sekt oder Mineralwasser in ein Bowlengefäß geben und zwei Stunden im Kühlschrank ziehen lassen.
Beim Servieren glasweise mit eiskaltem alkoholfreien Sekt auffüllen.

😐 pro Portion (ergibt ca. 10 Portionen à 200 ml)

	KH	kcal	BE
500 g Melone	60,2	265	
750 ml Apfelsaft	87,75	352	
4 cl Zitronensaft	0,96	12	
750 ml Faber Light Line	32,25	129	
Gesamt	181,16	758	15,1

Apfel-Minzbowle

- 500 g Äpfel in Spalten
- 0,75 l Apfelsaft
- 4 cl frischer Zitronensaft
- Minzzweig
- 0,75 l Faber Light Line alkoholfreier Sekt

Die Zutaten außer dem Sekt in ein Bowlengefäß geben und zwei Stunden im Kühlschrank ziehen lassen. Beim Servieren glasweise mit eiskaltem alkoholfreien Sekt auffüllen.

☺ pro Portion (ergibt ca. 10 Portionen à 200 ml)

	KH	kcal	BE
500 g Äpfel	62	260	
750 ml Apfelsaft	87,6	352	
4 cl Zitronensaft	0,96	12	
750 ml Faber Light Line	32,25	129	
Gesamt	182,81	753	15,2

Rhabarber-
Melonenbowle

- 300 g Honigmelone in Stückchen
- 300 g Rhabarberstücke
- 0,75 l Apfelsaft
- 4 cl Zitronensaft
- 1 Bl Zimtpulver
- 0,75 l Faber Light Line alkoholfreien Sekt oder Gingerale

Die Zutaten außer dem alkoholfreien Sekt oder Gingerale in ein Bowlengefäß geben und ca. zwei Stunden im Kühlschrank ziehen lassen. Beim Servieren glasweise mit eiskaltem alkoholfreien Sekt oder Gingerale auffüllen.

☺ pro Portion (ergibt ca. 10 Portionen à 200 ml)

	KH	kcal	BE
300 g Honigmelone	37,2	159	
300 g Rahabarber	4,5	36	
750 ml Apfelsaft	87,6	352	
4 cl Zitronensaft	0,96	12	
750 ml Faber Light Line	32,25	129	
Gesamt	162,51	688	13,5

Teebowle

- 1,5 l kalter schwarzer Tee
- 0,5 l kalter Ananassaft
- 200 g Ananas in Stücken
- 4 cl frischer Zitronensaft

Die Zutaten in ein Bowlengefäß geben und ca. zwei Stunden im Kühlschrank ziehen lassen.

☺ pro Portion (ergibt ca. 10 Portionen à 200 ml)

	KH	kcal	BE
1,5 l schwarzer Tee			
500 ml Ananassaft	60	280	
200 g Ananasstücke	26,5	114	
4 cl Zitronensaft	0,96	12	
Gesamt	87,46	406	7,3

Kirschbowle

- 500 g entkernte Kirschen
- 0,75 l Kirschfruchtsaftgetränk
- 50 g Zucker
- 0,75 l Faber Light Line alkoholfreier Sekt
  (oder Mineralwasser mit Kohlensäure)

Die Zutaten außer dem Mineralwasser in ein Bowlengefäß geben
und ca. zwei Stunden im Kühlschrank ziehen lassen.
Beim Servieren glasweise mit
eiskaltem alkoholfreien Sekt
(oder Mineralwasser) auffüllen.

pro Portion (ergibt ca. 10 Portionen à 200 ml)

	KH	kcal	BE
500 g Kirschen	71	294	
750 ml Kirschfrucht- saftgetränk	105	412	
50 g Zucker	50	200	
750 ml Faber Light Line	32,25	129	
Gesamt	258,25	1035	21,5

Pfirsichbowle

- 500 g Pfirsiche in Stücken
- 4 cl frischer Zitronensaft
- 0,75 l Pfirsichnektar
- 0,75 l Faber Light Line alkoholfreier Sekt

Die Zutaten außer dem Sekt in ein Bowlengefäß geben und ca. zwei Stunden im Kühlschrank ziehen lassen.
Beim Servieren glasweise mit eiskaltem alkoholfreien Sekt auffüllen.

☺ pro Portion (ergibt ca. 10 Portionen à 200 ml)

	KH	kcal	BE
500 g Pfirsichstücke	47	200	
4 cl Zitronensaft	0,96	12	
750 ml Pfirsichnektar	75	375	
750 ml Faber Light Line	32,25	129	
Gesamt	155,21	716	13

Ananasbowle

- 500 g Ananasstückchen
- 0,75 l Ananassaft
- 4 cl frischer Zitronensaft
- 0,75 l Faber Light Line alkoholfreier Sekt

Die Zutaten außer dem Sekt in ein Bowlengefäß geben und ca. 2 Std. im Kühlschrank ziehen lassen.
Beim Servieren glasweise mit eiskaltem alkoholfreien Sekt auffüllen.

☺ pro Portion (ergibt ca. 10 Portionen à 200 ml)

	KH	kcal	BE
500 g Ananasstückchen	—	—	
750 ml Ananassaft	90	352	
4 cl Zitronensaft	0,96	12	
750 ml Faber Light Line	32,25	129	
Gesamt	123,21	493	10,3

Teebowle mit
Johannisbeeren

- ■ 1,5 l kalter Hagebuttentee
- ■ 0,3 l Johannisbeersaft
- ■ 5 El Bienenhonig
- ■ 250 g Johannisbeeren
- ■ 4 cl frischer Zitronensaft

Die Zutaten in ein Bowlengefäß geben und ca. zwei Stunden im Kühlschrank ziehen lassen.

☺ pro Portion (ergibt ca. 10 Portionen à 200 ml)

	KH	kcal	BE
1,5 l Hagebuttentee	—		
300 ml Johannisbeersaft	39	162	
50 g Honig	40	160	
250 g Johannisbeeren	25,9	125	
4 cl Zitronensaft	0,96	12	
Gesamt	105,86	459	8,8

Erdbeerbowle

- 500 g Erdbeeren
- 1 Bund frische Pfefferminze
- 4 cl frischer Zitronensaft
- 10 cl Erdbeersirup
- 0,75 l Faber Light Line alkoholfreier Sekt
  (nimmt während des Ansetzens das
  Erdbeeraroma an!)
- 0,75 l Faber Light Line alkoholfreier Sekt

Die Zutaten außer der zweiten Flasche alkoholfreien Sekt in ein Bowlengefäß geben und
ca. zwei Stunden im Kühlschrank ziehen lassen.
Beim Servieren glasweise mit eiskaltem
alkoholfreien Sekt auffüllen.

☹ pro Portion (ergibt ca. 10 Portionen à 200 ml)

	KH	kcal	BE
500 g Erbeeren	31,5	165	
4 cl Zitronensaft	0,96	12	
10 cl Erbeersirup	83,5	336	
750 ml Faber Light Line	32,25	129	
750 ml Faber Light Line	32,25	129	
Gesamt	180,46	771	15

Pfefferminz-
Melonenbowle

- 0,5 l kalter Apfeltee
- 1 Bund frische Pfefferminze
- 2 El Bienenhonig
- 1 Honigmelone
- 0,5 l Ananassaft
- 0,75 l Faber Light Line alkoholfreier Sekt

Die Zutaten außer dem Sekt in ein Bowlengefäß geben und ca. zwei Stunden im
Kühlschrank ziehen lassen.
Beim Servieren glasweise mit eiskaltem
alkoholfreien Sekt auffüllen.

☺ pro Portion (ergibt ca. 10 Portionen à 200 ml)

	KH	kcal	BE
500 ml Apfeltee			
20 g Bienenhonig	16,8	64	
300 g Honigmelone	27,2	159	
500 ml Ananassaft	60	280	
750 ml Faber Light Line	32,25	129	
Gesamt	136,25	632	11,4

Apfel-Pflaumenbowle

- 250 g gewürfelte Äpfel
- 250 g entsteinte und halbierte Pflaumen
- 1 Zweig frische Melisse (nur für den Ansatz, dann entfernen)
- 0,75 l Apfelsaft
- 4 cl Zitronensaft
- 0,75 l Faber Light Line alkoholfreier Sekt

Die Zutaten außer den Sekt in ein Bowlengefäß geben und ca. zwei Stunden im Kühlschrank ziehen lassen. Beim Servieren glasweise mit eiskaltem alkoholfreien Sekt auffüllen.

☺ pro Portion (ergibt ca. 10 Portionen à 200 ml)

	KH	kcal	BE
250 g Äpfel	31	130	
250 g Pflaumen	31	130	
750 ml Apfelsaft	87,6	352	
4 cl Zitronensaft	0,96	12	
750 ml Faber Light Line	32	122	
Gesamt	182,56	746	15

Drinks mit Gemüsesaft

Cucumba*

- ■ Elektrischer Mixer
- ■ Longdrinkglas

- ■ ¼ Salatgurke mit Schale
- ■ 2 cl frischer Zitronensaft
- ■ 10 cl Buttermilch
- ■ 1 Prise Dill, fein gehackt
- ■ 2 Prisen Selleriesalz

Die Zutaten mit 3 Eiswürfeln im elektrischen Mixer zerkleinern und in ein Longdrinkglas füllen.

☺

	KH	kcal	BE
¼ Salatgurke mit Schale	2,2	13	
2 cl Zitronensaft	0,48	6	
10 cl Buttermilch	4	39	
Gesamt	6,68	58	0,6

Turtle's Delight*

- Elektrischer Mixer
- Longdrinkglas

- 10 cl Tomatensaft
- ¼ Avocado
- 1 cl frischer Zitronensaft
- 1 El Jogurt (3,5 %)
- je 1 Prise Selleriesalz, Salz, Pfeffer

Die Zutaten mit 3 Eiswürfeln im elektrischen Mixer zerkleinern und in ein Longdrinkglas füllen.

☺

	KH	kcal	BE
10 cl Tomatensaft	3,4	1,7	
ca. 50 g Avocado	0,2	110	
1 cl Zitronensaft	0,24	3	
1 El Jogurt 3,5 %	0,8	12,2	
Gesamt	4,64	126,9	0,4

Calv Shot

- ■ Shaker
- ■ Longdrinkglas

- ■ 10 cl kalte Rinderboullion
- ■ 1 ds Worcestersoße
- ■ je 1 Prise Pfeffer und Selleriesalz

Die Zutaten mit 5-6 Eiswürfeln im Shaker schütteln und in ein Longdrinkglas mit 3 Eiswürfeln abseihen.

☺

	KH	kcal	BE
10 cl Rinderboullion	4	60	
Gesamt	4	60	0,3

Rabbits Fizz*

- ■ Shaker
- ■ Longdrinkglas

- ■ 10 cl Karottensaft
- ■ 1 cl frischer Zitronensaft
- ■ 2 Prisen Selleriesalz
- ■ 10 cl Mineralwasser mit Kohlensäure

Die Zutaten außer dem Mineralwasser mit 5–6 Eiswürfeln im Shaker schütteln und in ein Longdrinkglas mit 3 Eiswürfeln abseihen. Mit Mineralwasser auffüllen.

☺

	KH	kcal	BE
10 cl Karottensaft	4,8	2,2	
1 cl Zitronensaft	0,24	3	
Gesamt	4,8	5,2	0,4

Prairie Oyster

Der Drink wird auch gerne als Ausnüchterungscocktail gereicht.

- Direkt im Glas
- Cocktailglas

- 1 cl Olivenöl
- 1 Eigelb
- 2–3 El Tomatenketschup
- 1 cl frischer Zitronensaft
- 3 ds Tabasco
- je 1 Prise Salz, Pfeffer, Paprika

Das Cocktailglas mit Olivenöl ausschwenken und alle Zutaten außer dem Eigelb und dem Paprika vorsichtig darin verrühren. Das Eigelb darauf geben und den Paprika darüber streuen.
Mit Serviette und einem Teelöffel servieren.

☺

	KH	kcal	BE
1 cl Olivenöl	0	89,7	
1 Eigelb	0,1	68	
2 El Tomatenketschup	4	30	
1 cl Zitronensaft	0,24	3	
Gesamt	4,34	190,7	0,4

Tomatencocktail

- Shaker
- Longdrinkglas

- 10 cl Tomatensaft
- 1 Knoblauchzehe, zerdrückt
- 1 Bl Kräuter der Provence, fein gehackt
- 1 Prise Selleriesalz

Die Zutaten mit 5–6 Eiswürfeln im Shaker
schütteln und in ein Longdrinkglas mit
3 Eiswürfeln abseihen.

☺

	KH	kcal	BE
10 cl Tomatensaft	3,4	17	
Gesamt	3,4	17	0,3

Mr. Mümmelmann*

- Shaker
- Longdrinkglas

- 8 cl Karottensaft
- 8 cl Orangensaft
- 1 cl frischer Zitronensaft

Die Zutaten mit 5–6 Eiswürfeln im Shaker
schütteln und in ein Longdrinkglas mit
3 Eiswürfeln abseihen.

☺

	KH	kcal	BE
8 cl Karottensaft	3,84	18	
8 cl Orangensaft	8	40	
1 cl Zitronensaft	0,24	3	
Gesamt	11,84	61	1

Virgin Mary

- Shaker
- Longdrinkglas

- 1 cl frischer Zitronensaft
- je 1 Prise Salz, Pfeffer, Selleriesalz
- 2 ds Tabasco
- 2 Bl Worcestersoße
- 20 cl Tomatensaft

Die Zutaten mit 5–6 Eiswürfeln im Shaker schütteln und in ein Longdrinkglas mit 3 Eiswürfeln abseihen. Mit Tomatenscheibe und Stangensellerie dekorieren.

☺

	KH	kcal	BE
1 cl Zitronensaft	0,24	6	
20 cl Tomatensaft	6,8	34	
Gesamt	7,04	40	0,59

Register

Alkoholfreie Drinks besonders für Diabetiker geeignet

Danksagung

Autor und Verlag bedanken sich bei den genannten Kollegen für die Bereitstellung der Rezepte, bei den Firmen d'Arbo, Monin, Giffard, Becker's Bester und Sektkellerei Schloss Wachenheim sowie bei Schott-Zwiesel-Glaswerke AG für die Überlassung der zum Mixen verwendeten Gläser und Firma Jacobs Großküchentechnik GmbH für die Geräte.

Besonderen Dank spreche ich meiner Familie, allen voran Roswitha und Christopher aus, ohne deren unendliche Geduld und zeitliche Entbehrungen ich dieses Buch sicherlich nie zustande gebracht hätte.

Bildnachweis

Für die freundliche Überlassung des Bildmaterials danken wir (in alphabetischer Reihenfolge):

pr Bonn Public Relations GmbH, Bonn; Verband der Dt. Fruchtsaft-Industrie e.V., Seiten 105, 107, 111

Reformhaus-Kochstudio, Mainz, Seite 109

The Food Professionals Köhnen GmbH, Sprockhövel, hohes C, Seite 103.